Sobre la dignidad humana
y otros textos del Renacimiento

Giovanni Pico della Mirandola,
Erasmo de Rotterdam, Tomás Moro,
Nicolás Maquiavelo, Lorenzo Valla,
Marsilio Ficino, Pietro Pomponazzi

Sobre la dignidad humana y otros textos del Renacimiento

Selección e introducción de
Rafael Herrera Guillén

Alianza editorial
El libro de bolsillo

Primera edición: septiembre de 2025

Diseño de colección: Estrada Design
Diseño de cubierta: Manuel Estrada

PAPEL DE FIBRA
CERTIFICADA

© de la selección, presentación y textos introductorios: Rafael Herrera Guillén, 2025
© de la traducción del fragmento de Nicolás Maquiavelo: Jorge del Palacio Martín, 2025
© de la traducción de los fragmentos de Erasmo de Rotterdam y Tomás Moro: Herederos de Pedro Rodríguez Santidrián, 1984, 2025
© de la traducción de los fragmentos de Pico della Mirandola, Lorenzo Valla, Marsilio Ficino y Pietro Pomponazzi: Herederos de Pedro Rodríguez Santidrián, 1986, 2025
© Alianza Editorial, S. A., Madrid, 2025
  Calle Valentín Beato, 21
  28037 Madrid
  www.alianzaeditorial.es

ISBN: 978-84-1148-944-7
Depósito legal: M-11894-2025
Printed in Spain

Índice

Introducción
El ser humano como tema central

1. La dignidad humana

Aquellas épocas que no consideran la dignidad humana como el elemento central de la vida son épocas oscuras, de servidumbre. No es preciso siquiera contar con una definición unívoca y claramente establecida de dignidad, basta con que la humanidad considere cada vida humana como un valor intocable en sí mismo para que la luz de la libertad irradie una época. La filosofía y las humanidades en general florecen justo en aquellos siglos en los que el ser humano reorienta su mirada crítica hacia sí mismo. Sin embargo, hoy, en el siglo XXI, hay síntomas actitudinales y elementos ideológicos que vienen a poner en tela de juicio la premisa de la centralidad del ser humano, abriéndose así, quizás impensadamente, una sima hacia nuevos tiempos oscuros, tiempos tecnológicamente activos y humanamente paralizantes.

«La historia es maestra de la vida», escribió hace siglos Cicerón. Después lo ha repetido a su modo Santayana: «Aquellos que no pueden recordar el pasado están condenados a repetirlo». Desde luego, el presente —cada presente, nuestro presente— tiene aspectos y retos diferentes y únicos, cuya respuesta no puede resolverse copiando sin más modelos del pasado. Sin embargo, es evidente que tampoco se les puede dar respuesta poniéndonos de espaldas a las enseñanzas del pasado, desde un adanismo cada vez más extendido que confunde modernidad con olvido, y que cifra su autorreferencialidad narcisista en el desprecio y el olvido del pasado, al que considera como un tiempo menor, muy por debajo del estatus del presente, autoproclamado tiempo superior moral y tecnológicamente. Sobre esta ingenuidad de lo superior se levantará el futuro edificio de la servidumbre de los nuevos tiempos oscuros a los que nos acabamos de referir, si finalmente vence la tendencia a olvidarnos del ser humano.

Se puede conocer el carácter de un tiempo histórico a partir del modo en que ha comprendido al ser humano. Del mismo modo, nuestro presente se podrá definir por el lugar que reservemos a la humanidad en nuestra escala de valores morales, jurídicos, políticos y de todo orden. Y esta cuestión no se soluciona apelando jurídico-céntricamente a las declaraciones de derechos que presiden las más universales instituciones, como la ONU. Por desgracia, no es tan sencillo. Derecho y realidad son ámbitos cuyas temporalidades nunca se sincronizan del todo. De hecho, la política toda se funda en esta imposibilidad de sincronización absoluta. Esto es obvio.

El puesto que la dignidad del ser humano ocupa en nuestro presente forma parte de un diálogo abierto, sometido a dinámicas tecnológicas, ambientales, sociales y económicas, que hacen muy difícil vaticinar si estamos construyendo un mundo dirigido hacia mayores cotas de libertad o un mundo oscuro, donde el ser humano ocupará un lugar descentrado, menor, subalterno, sojuzgado a poderes tecnoteológicos. A las épocas como la nuestra, en las que la humanidad se encuentra en una encrucijada por resolver, se las suele denominar épocas de crisis. En efecto, vivimos en un presente en crisis. Y es justo esta dimensión de la «crisis» la que nos permite hacer un paralelismo legítimo entre nuestro presente y el Renacimiento.

2. Sistemas de creencias

José Ortega y Gasset caracteriza el Renacimiento como un tiempo de crisis[1]. En la filosofía orteguiana, «crisis» es una categoría histórica que define todo un período; no es una simple ruptura circunstancial de un proceso que puede retomar su propio pulso y volver a sí mismo una vez superado el estadio de crisis. Por el contrario, la noción de crisis como categoría histórica se refiere a la estructura fundamental de un tiempo de manera tal que su salida será siempre el desenvolvimiento de una nueva realidad, cuyos elementos ya estaban en germen en el pasado.

---

1. Escribe Ortega que «el llamado Renacimiento representa una gran crisis histórica». José Ortega y Gasset, *En torno a Galileo y otros ensayos*, Madrid, Alianza Editorial, 2024, p. 100. Sobre esta cuestión, vid. María Isabel Lafuente, «El renacimiento como cultura intramundana. La concepción del Renacimiento de J. Ortega y Gasset», en *Lógos hellenikós*, vol. 2, 2003, pp. 837-856.

Cada época constituida se caracteriza por un sistema de creencias diferente al resto, diferenciado en su conjunto. Este sistema contiene en sí, y en parte, las semillas de las cuales surgirán las nuevas creencias constituyentes del futuro, es decir, el nuevo sistema de creencias de una nueva época. Pues bien, según Ortega, una época de crisis histórica es aquella en donde se produce un entrecruzamiento de un sistema hasta entonces vigente con un nuevo sistema que, alumbrado y gestado por este, se constituye como una entidad autónoma y enteramente original. Un tiempo de crisis es, por tanto, aquel en el que coincide un sistema de creencias que es a la vez profetizado y cumplido, *in statu nascendi*, es una profecía del presente que muchos actores epocales no logran descifrar, sumidos en el «ruido» que produce el choque de dos sistemas de creencias contemporáneos, pero no coetáneos. Debemos, a partir de aquí, detenernos en aquellos períodos de la historia que tuvieron en su sistema de creencias al ser humano como un elemento central.

3. Antropocentrismos

La definición clásica de antropocentrismo dice que es aquel sistema de creencias que pone al ser humano en el centro del universo. Esto se suele considerar, acríticamente, como una escenografía epocal positiva. Es decir, se da por supuesto que el poner en el centro del universo al ser humano implica una consideración positiva del mismo. Sin embargo, esto no es el del todo cierto. También podemos considerar la escenografía antropocéntrica en un sentido negativo, de modo que la ubicación del hombre como centro del cosmos se haga en términos de indignidad, de humillación o, cuando menos, de fuertes reservas respecto del estatus del ser humano. Esto no es lo mismo que la humillación propia de un sistema de creencias como el medieval, que descentraba la humanidad en favor de Dios y, en tal sentido, el hombre quedaba marginado, humillado. A lo que nos referimos es a un tipo de antropocentrismo que pone al ser humano en la picota, por decirlo en sentido llano, es decir, en el centro de las miradas más vergonzantes o, en el mejor sentido, en el centro de la mirada crítica como criatura cuya dignidad no es evidente.

Por tanto, se puede considerar que existe un antropocentrismo positivo, que sería aquel tradicionalmente conocido como la consideración del ser humano como centro del universo y criatura cuya dignidad está fuera de discusiones. Pero también existe un antropocentrismo negativo que, igualmente, pone en el centro de sus preocupaciones al ser humano, pero duda de su dignidad o, cuando menos, de su excepcionalidad como criatura frente al universo.

En términos históricos, el antropocentrismo positivo fue el que se produjo en la Antigüedad grecorromana y que pasó, por mímesis creativa, al Renacimiento. El antropocentrismo negativo es el que surgió después de la Segunda Guerra Mundial, cuando la explicitud mortuoria de Auschwitz determinó la perspectiva humanista del existencialismo como un último intento por dar una salida honrosa al ser humano, en la clara conciencia de su bestialidad. Veremos, pues, en lo que sigue, que la figura metafórica fundamental que define al ser humano según el antropocentrismo positivo será la del ángel, mientras que en el antropocentrismo negativo el símbolo propio del ser humano será el del demonio.

3.1. Antropocentrismo positivo: Antigüedad y Renacimiento

Desde el punto de vista historiográfico, el antropocentrismo es una de las características que se identifican como fundamentales para reconocer al Renacimiento como una época claramente diferente de la Edad Media. En el medioevo todo el sistema de saber y la vida humana giraban alrededor de un universo teocéntrico, es decir, que los valores que regían la vida humana estaban sometidos a Dios. Todo partía y desembocaba en lo transcendente. Desde el nacimiento hasta la muerte, la vida del ser humano consistía en una breve acumulación de tiempo transitorio y despreciable destinado a ganarse la vida ultraterrena, única consistente, por ser presuntamente eterna y beatífica. La vida del ser humano transcurría en los márgenes del tiempo, pues era breve; transcurría en la humillación de no ser más que pecado, condena y esperanza. El hombre carecía de dignidad, pues no era más que una criatura despreciable, cuya vida era apenas un soplo de mísero tiempo.

Frente a este sistema de creencias teocentrista surgió el Renacimiento. Una nueva generación de intelectuales decidió poner al ser humano en el centro de sus reflexiones y dotarlo de dignidad, no solo como objeto de reflexión, sino como sujeto de acción. Pico, Ficino, Maquiavelo, Erasmo, protagonistas de este libro, construyeron todo un nuevo mundo en el que el ser humano brillaba por sí mismo, en su esplendor como criatura a imagen y semejanza de Dios en su sentido más positivo, es decir, como criatura única en el universo. Este giro antropológico fue posible gracias a los *umanisti* y a los *studia humanitatis*, es decir, gracias a un grupo de estudiosos, especialmente italianos, que abrieron el horizonte hacia el estudio de los clásicos griegos y latinos. En este punto se comprende claramente la íntima relación entre Renacimiento y Humanismo, es decir, entre una época histórica y una corriente que personifica el genuino sistema de creencias que será vigente en la misma.

En el estudio de los clásicos los humanistas aprendieron que el ser humano había ocupado un lugar central en Grecia y en Roma y comprendieron que debían luchar por esta preeminencia, de modo que Dios comenzara a perder su centralidad en favor de su criatura, el ser humano. Esto tendrá consecuencias enormes: una secularización que se extiende hasta el presente. Así, pues, el Renacimiento constituyó un cambio en la perspectiva epocal, que fue desde el teocentrismo al antropocentrismo. Sin embargo, este giro en la mirada se produjo no sin dificultades. Había que adaptar el ojo a la nueva luz que desprendía el nuevo objeto de atención de la época: el ser humano. Y fue difícil; hubo resistencias en este cambio de la mirada. Poderes como la Iglesia y el sistema universitario escolástico vieron amenazada su preeminencia con aquel giro hacia el ser humano. Toda época de crisis es también conflictiva.

Además, la sustitución del sistema de creencias medieval por el renacentista produjo un tipo humano paradójico. Por una parte, el hombre se elevó con orgullo como «tema» del hombre, como realidad central, pero, por otra, el recuerdo del tiempo anterior, que aún pervivía inercialmente, hizo que el ser humano sintiera nostalgia de Dios. El hombre se sentía libre, como hombre, como criatura hecha de razón, pero a la vez percibía la hondonada de la libertad, del miedo, de la soledad cósmica, de la incertidumbre de haber perdido la presencia central de Dios, como amenaza, bien es cierto, pero también como esperanza eterna y sentido vital. Alegría e incertidumbre, arrojo e inseguridad constituyeron el marco de una nueva subjetividad, que terminará siendo la nuestra, la subjetividad moderna.

Desde un punto de vista conceptual e histórico, el texto que marca el giro más radical hacia el hombre y pone las bases para la emergencia de la nueva subjetividad es el *Discurso sobre la dignidad del ser humano*, de Pico della Mirandola, que da título a este volumen y sentido a la selección antológica del mismo. En la obra de aquel jovencísimo filósofo tenemos ya todos los elementos del antropocentrismo positivo que pugnaba por imponerse sobre el teocentrismo medieval militante, cuyo sistema todavía dominaba la época. Pico hace del ser humano una criatura única en el universo porque es la única que se construye a sí misma, que no tiene una esencia predeterminada que lo defina. Esto le faculta para convertirse en lo que él mismo decide libremente: puede ser menos que una planta o un bruto, pero también puede llegar a ser un ángel, es decir, puede llegar a ser la criatura más excelsa de la creación.

3.2. Antropocentrismo negativo: siglos XX y XXI

El antropocentrismo renacentista tuvo un papel decisivo en la configuración de la subjetividad moderna, tal y como se desplegó a partir del *cogito ergo sum* de Descartes. En Pico della Mirandola el ser humano había tomado las riendas de su destino: podía autocrearse como bestia o como ángel. En la filosofía ya plenamente moderna, con Descartes, el ser humano no solamente se autopercibe como *yo*, sino que incluso es su yo el que crea el mundo. El mundo acontece y se percibe a partir de la subjetividad. El mundo queda a su disposición como su creación.

El antropocentrismo renacentista desemboca victorioso en la modernidad, bajo la cláusula «Pienso, luego existo». El ser humano se autopercibe como sustancia que piensa, como subjetividad apartada incluso del cuerpo, que es un objeto más entre todos los objetos del mundo que la subjetividad va a someter a su imperio racional.

La historia de esta subjetividad tuvo un desenlace desastroso para toda la humanidad, como sabemos por la historia del siglo XX y por su larga influencia en nuestro propio presente. Poner al ser humano en el centro del universo de este modo racionalista terminó con la reducción del propio ser humano a mero objeto de sometimiento y explotación. El ser humano se convirtió en centro y a la vez en víctima de su centralidad, en la medida en que el ego hizo depender su sentido de la reducción de los otros a mero objeto natural y, por tanto, a un elemento deshumanizado. Aquel ángel de Pico, cuya existencia se cifraba en el estudio y el desprecio de lo mundano, se transformó, eligió ser una bestia.

Después de la Segunda Guerra Mundial, Auschwitz representó un trauma en todos los órdenes del pensamiento. Se hizo preciso regresar al humanismo para comprender en qué medida aquella época fue el lejano origen de los desastres acaecidos posteriormente o si, por el contrario, contuvo elementos de regeneración del ser humano que se perdieron en la modernidad. Heidegger y Sartre intentaron responder a esta cuestión en 1946 desde posiciones existencialistas diferenciadas. Mientras Sartre defendió la necesidad de un nuevo humanismo[2], Heidegger lo rechazó por considerar que el humanismo era heredero de la metafísica que había despeñado al ser humano al desastre[3].

Después de la Segunda Guerra Mundial la imagen del ser humano cobró todos los tintes del pesimismo, como era natural. El feliz antropocentrismo renacentista y moderno había dejado la imagen de un ser humano bestial, indigno, que no merecía la centralidad de la vida sino como manifestación de lo más bajo. El siglo XX ve surgir un antropocentrismo negativo que, en el fondo, también se había previsto en el Renacimiento, pero, al parecer, el cartesianismo lo había olvidado. Pico della Mirandola había advertido que la ausencia de esencia en el ser humano lo facultaba para convertirse en un ángel, que ese era su más feliz destino, pero también nos dijo que podía convertirse en una bestia. Esta lección se olvidó. Hoy se vuelve a olvidar, pero en sentido contrario: parece que el ser humano está abocado a una configuración negativa de su propia imagen, sin saber que está en su mano la construcción de una subjetividad «angelical» —dicho sin ingenuidad—, es decir, una subjetividad ajena al narcisismo.

2. Jean-Paul Sartre, *El existencialismo es un humanismo*, Barcelona, Edhasa, 1999.
3. Martin Heidegger, *Carta sobre el humanismo*, Madrid, Alianza, 2013.

Sartre intenta rescatar una imagen positiva del hombre. Ahora bien, para ello trata de deslindar su existencialismo del humanismo renacentista. El filósofo francés se da cuenta de que es preciso invocar el surgimiento de un nuevo antropocentrismo sin narcisismo. Reclama la necesidad de considerar al ser humano como una figura central en cuanto a su responsabilidad, no en cuanto a su privilegio como animal único y soberano que tiene la naturaleza bajo su mando. Según él, el humanismo clásico había instaurado un culto a la humanidad. Frente a este humanismo, Sartre propone el humanismo existencial, según el cual el hombre es una criatura libre, cuya existencia precede a su esencia. No es cuestión de abrir aquí un debate crítico con el filósofo francés para recordarle que, en buena medida, su propuesta no deja de ser parte del programa humanista clásico de Pico. En todo caso, nos parece claro que Sartre abre vías de pensamiento para dotar nuevamente de dignidad al hombre, de tal modo que el antropocentrismo negativo no seduzca a los contemporáneos, con el riesgo que eso conlleva de abrir el camino a un sistema futuro de creencias que tenga en el ser humano la imagen de una criatura despreciable, es decir, un sistema de creencias inhumano.

Por su parte, Heidegger intenta responder a la cuestión decisiva de cómo vislumbrar una imagen del hombre que supere su rostro demoníaco. Según Heidegger el humanismo es «meditar y cuidarse de que el hombre sea humano en lugar de no-humano, "inhumano", esto es, ajeno a su esencia»[4]. El problema es que no se puede volver al huma-

---

4. *Ibid.*, p. 21.

nismo clásico, ni tampoco se puede sostener el humanismo existencial sartriano. Según el filósofo alemán, el humanismo clásico estableció un antropocentrismo relativo. No se refería a la centralidad del ser humano. A su juicio, el humanismo heredó el prejuicio grecorromano que distinguía entre civilizado y bárbaro. Así, el *homo humanus* se correspondía con el griego, con el romano, con el italiano, mientras que el *homo barbarus* no se correspondía con la centralidad humana, sino al contrario, era arrinconado a las formas de lo meramente natural. Afirma Heidegger que «el que se conoce como Renacimiento de los siglos XIV y XV en Italia es una *renascentia romanitatis*. Desde el momento en que lo que le importa es la *romanitas*, de lo que trata es de la *humanitas* y, por ende, de la παιδεία griega. Y es que lo griego siempre se contempla bajo su forma tardía, y esta, a su vez, bajo el prisma romano. También el *homo romanus* del Renacimiento se contrapone al *homo barbarus*. Pero lo in-humano es ahora la supuesta barbarie de la escolástica gótica del Medievo»[5].

Según el alemán, la consideración de la dignidad humana no puede lograrse regresando al humanismo en cualesquiera de sus formas, clásica o, eventualmente, existencialista. Todo humanismo es metafísica, también el de Sartre, porque en el fondo considera que la esencia del hombre es la racionalidad, es decir, que el hombre es un «animal racional», un ζῷον πολῑτῐκόν (*zoon politikon*), poniéndolo desde el principio en la misma especificidad de lo animal, si bien se quier., ubicarlo en un lugar preferente, pero dentro del *zoon*. En definitiva, «la metafísica [y el humanismo] piensa

---

5. Heidegger, *op. cit.*, p. 22.

al hombre a partir de la *animalitas* y no lo piensa en función de su *humanitas*». Sin embargo, hemos de decir por nuestra parte que quizás la tesis de Pico del hombre como ángel humano no puede identificarse con esta afirmación de la reducción del ser humano a animalidad, por muy racional que sea. Quizás sería posible especular con que el ángel de Pico habita el claro del ser heideggeriano. En todo caso, considero que el ser humano debe todavía buscar en el Humanismo elementos del Renacimiento que se olvidaron, que se dejaron atrás, como el irenismo de Erasmo, las alternativas económicas basadas en el bien general de la utopía de Moro o el derecho a un lenguaje limpio y significativo de Lorenzo Valla.

Es cierto que una sombra antihumanista se cierne sobre nuestro presente. Problemas como el cambio climático han abierto el camino a retóricas indeseadas y muy peligrosas que llegan a calificar al ser humano como una plaga. Antes, este tipo de humillación contra el hombre era propia de regímenes totalitarios y asesinos. Hoy, sin embargo, en nombre de la defensa de la vida en el planeta se humilla al ser humano como culpable y, a la vez, víctima propiciatoria.

Quizás el Antropoceno es una consecuencia indeseada del antropocentrismo exacerbado cartesiano. Sin embargo, no podemos permitir que la solución a esta nueva era sea la construcción de un antropocentrismo negativo que viene a humillar al hombre. Sabemos que la consecuencia de una antropología de este tipo deriva en un sistema teológico que reduce al ser humano a servidumbre. Sin duda, existen voces y movimientos que defienden superar la condición humana a través de la tecnología. Corrientes como el posthumanismo o el transhumanismo pueden convertirse en la nueva escolástica de un mundo tecnocéntrico. Pero no cabe duda de que el tecnocentrismo será un nuevo teocentrismo. Es por eso por lo que un volumen como este tiene sentido hoy. Es preciso volver a leer algunos textos del Renacimiento que fueron la columna vertebral de una cultura fundada en la dignidad humana.

4. Esta edición

Alianza Editorial publicó por primera vez en el año 1986 una selección de textos del Renacimiento, a cargo de Pedro R. Santidrián, bajo el título de *Humanismo y Renacimiento*. El enfoque de aquella edición señera permitió a los lectores de entonces comprender la importancia de un período histórico que, a menudo, se había tenido por meramente transicional y, además, como algo foráneo, más bien italiano, inglés, centroeuropeo, pero no español. La selección de Santidrián subsanó este prejuicio y actualizó autores y textos fundamentales de la historia cultural europea, incidiendo en el contexto español.

La edición que publicamos ahora se reconoce deudora de aquel volumen y conserva algunos autores de su selección con sus traducciones y aparato crítico. No obstante, tanto el enfoque como la selección de textos varían. El objetivo principal de *Sobre la dignidad humana y otros textos del Renacimiento*, tal y como se expresa desde la Introducción, reside en centrarse en el problema de la dignidad humana como una cuestión absolutamente actual, a la que ha de responder y decidir el ser humano de hoy. A partir de aquí, de la propia noción sobre lo humano que elaboremos, se derivan el resto de cuestiones que nos afectan como especie y como parte del planeta.

Compartimos con la edición de Santidrián el objetivo de traer al presente textos significativos del Humanismo, pero además queremos incidir primeramente en el poder de apertura crítica que estos textos tienen en los problemas actuales más urgentes, como son el del sistema político-económico, el tipo de sociedad que estamos creando, las redes sociales como ámbitos lingüísticos, la falta de verdad, el Antropoceno, el sentido de la existencia, el amor y la libertad. Pues bien, todos estos temas son abordados de un modo ejemplar por los diferentes autores y textos seleccionados. Cada uno de ellos cuenta con una breve introducción contextual e intelectual. El orden de su disposición es temático, no cronológico, con el fin de que el lector actual pueda seguir un hilo de lectura que plantea un itinerario que va desde lo más inmediato, nuestra humanidad (Pico della Mirandola), hasta lo más transcendente, la cuestión del alma (Pietro Pomponazzi), pasando por la crítica social (Erasmo de Rotterdam), el anhelo de encontrar un mundo más justo (Tomás Moro), la decepción por la realidad desalmada del poder (Nicolás Maquiavelo), la necesidad y el derecho a un lenguaje veraz para poder ejercer nuestra libertad (Lorenzo Valla) y la exigencia de que el saber humano debe inspirarse en la mejora del mundo (Marsilio Ficino).

Bibliografía

1. Fuentes de los autores seleccionados

ERASMO. *Elogio de la locura*, Madrid, Alianza Editorial, 2011.

—. *Educación del príncipe cristiano*, Madrid, Tecnos, 2002.

—. *El Ciceroniano*, Madrid, Cátedra, 2011.

—. *Escritos de crítica religiosa y política*, Barcelona, Círculo de Lectores, 1996. Ed. de Miguel Ángel Granada.

FICINO, Marsilio. *De amore: comentario a 'El banquete' de Platón*, Madrid, Tecnos, 2019.

—. *Sobre el furor divino y otros textos*, Barcelona, Anthropos, 1993.

MAQUIAVELO, Nicolás. *El príncipe*, Madrid, Alianza Editorial, 2010.

—. *Discursos sobre la primera década de Tito Livio*, Madrid, Alianza Editorial, 1987.

MORO, Tomás. *Utopía*, Madrid, Alianza Editorial, 2012.

PICO DELLA MIRANDOLA, Giovanni. *Pico della Mirandola; incluye el discurso sobre la dignidad del hombre*, Barcelona, Arpa Editores, 2020.

—. *De la dignidad del hombre. Con dos apéndices: Carta a Hermolao Bárbaro y Del ente y el uno,* Madrid, Editora Nacional, 1984.

POMPONAZZI, Pietro. *Tratado sobre la inmortalidad del alma*, Madrid, Tecnos, 2010.

VALLA, Lorenzo. «Sobre el libre albedrío» y «Las Elegancias de la lengua latina», en Pedro R. Santidrián, *Humanismo y Renacimiento*, Madrid, Alianza Editorial, 2007.

—. *Refutación de la Donación de Constantino*, Madrid, Akal, 2011.

2. Secundaria sobre los autores seleccionados

BATAILLON, Marcel. «Erasmo ¿europeo?», *Revista de Occidente*, ISSN 0034-8635, n.º 58, 1968, pp. 1-19.

BORGES Morán, Pedro. «La inspiración americana de la utopía de Tomás Moro», *Mar Oceana: Revista del humanismo español e iberoamericano*, ISSN 1134-7627, n.º 2, 1995, pp. 91-111.

CAPELLI, Guido M. *El humanismo italiano: Un capítulo de la cultura europea entre Petrarca y Valla*, Madrid, Alianza Editorial, 2007.

COHEN, Esther. «La Venus desdoblada: En torno a la filosofía del amor en Ficino», *Acta Poética*, ISSN-e 0185-3082, vol. 17, n.º 1-2, 1996.

FERNÁNDEZ Gallardo, Luis. *El humanismo renacentista: de Petrarca a Erasmo*. Toledo, Arco Libros, 2000.

FLÓREZ Miguel, Cirilo. «Erasmo de Rotterdam: el príncipe humanista», en Enrique Bonete Perales (coord.), *La política desde la ética*, vol. 1, 1998, Proyecto A Ediciones, ISBN 84-922335-4-0, pp. 38-49.

FORTE Monge, Juan Manuel. «La "vis dominandi" en la tradición republicana: Maquiavelo y Spinoza», *Res Publica: revista de filosofía política*, ISSN 1576-4184, n.º 21, 2009, pp. 85-96.

—. «Pomponazzi y la eternidad del mundo. Entre el problema neutro y el saber dialéctico», *Endoxa: Series filosóficas*, ISSN 1133-5351, n.º 31, 2013, pp. 279-298.

GARCÍA Valverde, José Manuel. «Nifo contra Pomponazzi: el debate sobre la inmortalidad del alma en el ámbito de la moral», *Fragmentos de filosofía*, ISSN-e 2173-6464, n.º 7, 2009, pp. 23-30.

GARÍN, Eugenio. *Marsilio Ficino y el platonismo*, Córdoba, Argentina, Alción Editora, 1997.

GONZÁLEZ, Moisés. «La batalla contra el mal en Erasmo: una apuesta por el hombre», en *Filosofía y dolor*, Madrid, Tecnos, 2010, pp. 165-166.

GRANADA, Miguel Ángel. *El umbral de la modernidad: estudios sobre filosofía, religión y ciencia entre Petrarca y Descartes*, Barcelona, Herder, 2000.

—. «Sobre algunos aspectos de la concordia entre *prisca theologia* y cristianismo en Marsilio Ficino, Giovanni Pico y León Hebreo», *Daimon: Revista de filosofía*, ISSN 1130-0507, n.º 6, 1993, pp. 41-60.

—. «El "gran milagro del hombre" en el Platonismo del Renacimiento (De Ficino a Giordano Bruno)», *Ínsula: revista de letras y ciencias humanas*, ISSN 0020-4536, n.º 674, 2003, pp. 9-14.

—. «La filosofía política en el Renacimiento: Maquiavelo y las utopías», en *Historia de la ética*, M. Victoria Camps Cervera (coord.), vol. 1, 1987, ISBN 84-7423-336-4, pp. 541-572.

—. *Cosmología, religión y política en el renacimiento: Ficino, Savonarola, Pomponazzi, Maquiavelo*, Barcelona, Anthropos, 1988.

—. *El umbral de la modernidad. Estudios sobre filosofía, religión y ciencia entre Petrarca y Descartes*, Barcelona, Herder, 2000.

—. *Maquiavelo*, Barcelona, Editorial Barcanova, 1981.

PUIG de la Bellacasa Alberola, Ramón. «Teoría y crítica de la política en los adagios del poder y de la guerra de Erasmo de Rotterdam», en *La Universitat de València i l'humanisme: "Studia Humanitatis" i renovació cultural a la Europa i al nou món*, Ferran Grau i Codina (coord.), 2003, ISBN 84-370-5544-X, pp. 555-566.

VILAR, Mariano. «La construcción dialógica del placer en el *De vero bono* de Lorenzo Valla», *Studia Aurea: Revista de Literatura Española y Teoría Literaria del Renacimiento y Siglo de Oro*, ISSN-e 1988-1088, n.º 8, 2014.

—. «Huellas epicúreas en el pensamiento de Lorenzo Valla», *Cuadernos de filología italiana*, ISSN 1133-9527, n.º 24, 2017, pp. 131-148.

VIVANTI, Corrado. *Maquiavelo. Los tiempos de la política*, Barcelona, Paidós, 2013.

3. General sobre el Renacimiento

BARON, Hans. *En busca del humanismo cívico florentino. Ensayos sobre el cambio del pensamiento medieval al moderno*, México, FCE, 1998.

Burckhardt, J. *La cultura del Renacimiento en Italia*, Madrid, Akal, 2004.

Cassirer, Ernst. *Individuo y cosmos en la filosofía del Renacimiento*, Buenos Aires, EMC, 1951.

Garin, E., *La revolución cultural del Renacimiento*, Barcelona, Crítica, 1984.

—. *Medioevo y Renacimiento*, Madrid, Taurus, 1981.

González García, Moisés y Rafael Herrera Guillén (coords.). *Utopía y poder en Europa y América*, Madrid, Tecnos, 2015.

Granada, Miguel Ángel. «¿Qué es el Renacimiento? Algunas consideraciones sobre el concepto y el período», *Cuadernos sobre Vico*, ISSN 1130-7498, n.º 4, 1994, pp. 123-148.

Hale, J. R. *Enciclopedia del Renacimiento italiano*, Madrid, Alianza Editorial, 1984.

Heidegger, Martin. *Carta sobre el humanismo*, Madrid, Alianza Editorial, 2013.

Heller, Agnes. *El hombre del Renacimiento*, Barcelona, Península, 1980.

Herrera Guillén, Rafael. *La primera filosofía moderna. El Renacimiento*, Madrid, Tecnos, 2020.

—. *Breve historia de la utopía*, Madrid, Nowtilus, 2013.

—. «Utopía y poder imperial en Europa y América», en Moisés González García y Rafael Herrera Guillén (coords.), *Utopía y poder en Europa y América*, 2015, ISBN 978-84-309-6707-0, pp. 15-38.

—. «Utopía: síntesis histórica desde Adán y Eva hasta el 15M», *Crítica*, ISSN 1131-6497, n.º 991-992, 2014, pp. 21-25.

—. «The Lost Modernity: 1436-1439 (Alfonso de Cartagena and Leonardo Bruni)», *Transmodernity: Journal of Peripheral Cultural Production of the Luso-Hispanic World*, 2016, 6(2) 100-130.

—. «Utopía»; en *Diccionario de paz. Conceptos, desafíos, autores y tradiciones*, Dora Elvira García-González (coord.), México, en prensa.

JIMÉNEZ Calvente, Teresa. «Un tipo de lectura profesional: los humanistas y los textos», *eHumanista: Journal of Iberian Studies*, ISSN-e 1540-5877, vol. 27, 2014, pp. 329-349.

KRISTELLER, Paul Oskar. *El pensamiento renacentista y sus fuentes*, México, FCE, 1982.

—. *Ocho filósofos del Renacimiento italiano*, México, FCE, 2013.

ORTEGA y Gasset, José. *En torno a Galileo y otros ensayos*, Madrid, Alianza Editorial, 2024.

PATER, Walter. *El Renacimiento*, Barcelona, Icaria, 1982.

RICO, Francisco. *El sueño del humanismo: de Petrarca a Erasmo*, Barcelona, Crítica, 2014.

SARTRE, Jean Paul. *El existencialismo es un humanismo*, Barcelona, Edhasa, 1999.

SKINNER, Quentin. *Los fundamentos del pensamiento político moderno (1. El Renacimiento)*, México, FCE, 1985.

VON MARTIN, A. *Sociología del Renacimiento*, México, FCE, 1981.

Pico della Mirandola

1. La dignidad del ser humano

La figura de Pico della Mirandola (1463-1494) es fascinante, casi legendaria. Encarna la genialidad y la rebeldía de la juventud. Tuvo una vida fugaz cuya estela llega hasta nosotros. Escribió su obra más importante con apenas 23 años y murió envenenado a los 31. En tan corto espacio de tiempo aglutinó en su figura buena parte de los saberes de su tiempo. Políglota casi desde la infancia, estuvo entre los primeros europeos que vio la necesidad de entroncar la cultura occidental con las tradiciones musulmanas y judías. Junto al latín y el griego, el humanista y joven Pico aprendió y dominó el árabe y el hebreo.

El Renacimiento se había alzado contra la escolástica a través de la recuperación y reconexión con la cultura grecolatina original. Se volvió a los textos originales, saltando por encima de las traducciones y el cúmulo de glosas e interpretaciones que se habían adherido, como lapas ideológicas, a las verdaderas ideas de autores como Aristóteles y el recientemente recuperado Platón. De aquí procede la idea de Renacimiento, porque los propios protagonistas de la época, especialmente los humanistas, sentían que Europa —y ellos mismos— renacía al traer de nuevo a la vida las palabras de los grandes pensadores del clasicismo.

Pues bien, a esta base de recuperación cultural y lingüística del mundo clásico, Pico añadió un tercer elemento a priori no europeo: las culturas árabe y judía. Para el jovencísimo filósofo era preciso construir una mirada plural que permitiera una visión equilibrada y de conjunto del mundo en donde tuvieran cabida todas estas tradiciones. El gran sueño de Pico era la creación de una teoría unitaria en donde se pudiera unir pacíficamente el mundo clásico europeo con el musulmán y el judío. La verdad se había pronunciado en todas las lenguas; la clave era saber escucharla y decirla de un modo en el que todas se sintieran representadas.

Este objetivo no era enteramente original de Pico. La paz doctrinal fue un sueño del Renacimiento que, probablemente, había aprendido de su maestro Marsilio Ficino. Sin embargo, sí es cierto que el joven discípulo abrió la perspectiva del Renacimiento hacia nuevos horizontes. De este empeño nació su célebre obra *900 tesis*. En ella, a través de breves proposiciones, Pico va desbrozando cada una de las tesis extraídas de todas las fuentes: filosóficas, cabalísticas y teológicas. Su objetivo era demostrar que, a pesar de la disparidad y contradicciones aparentes entre las fuentes originarias del saber, en el fondo todas convenían y estaban de acuerdo. Para demostrar que se podía llegar a la paz doctrinal a través de sus *900 tesis*, el joven filósofo propuso convocar a todos los sabios de la época para discutir cada una de ellas. Sin embargo, este llamamiento audaz se truncó, porque algunas de las tesis fueron consideradas heréticas por la Iglesia y Pico fue perseguido y encarcelado. Pero, gracias a sus contactos políticos, finalmente fue liberado y huyó. Pese a todo, no abjuró de su posición y, con el tiempo, pagaría con su propia vida esta defensa acérrima de su libertad de pensamiento.

La paz doctrinal no podía constituirse solo a través de la disputa académica entre doctos, sino que precisaba el reconocimiento del valor humano como inteligencia libre. Una de las grandes creencias de la época era que, en el principio de los tiempos, había existido una teología originaria común a todos los seres humanos, que se reveló en el pasado entre los diferentes pensadores y profetas de Egipto, Grecia e Israel. Esta creencia movilizó un tipo de humanismo que aspiraba a reencontrar la unidad perdida que resolviera por siempre las disputas intelectuales que dividían a los hombres y que, además, tenían severas consecuencias sociales y políticas.

La genialidad de Pico fue darse cuenta de que este proyecto aglutinador implicaba el descubrimiento, la creación de una nueva antropología, de un ser humano nuevo cuya naturaleza se asentara en su dignidad como criatura con derecho a elegir su destino. Esto explica que antepusiera a las *900 tesis* un «Discurso» en el que describe la naturaleza del ser humano en unos términos tan radicalmente modernos que se considera el gran manifiesto del humanismo y la gran síntesis del espíritu renacentista. Este escrito pasó a llamarse «Discurso sobre la dignidad humana» porque es justamente eso: una descripción y defensa de la dignidad del ser humano, cuya naturaleza había sido humillada a lo largo de los siglos medievales que lo consideraron como una criatura caída, pecaminosa y despreciable.

Para Pico, la dignidad del ser humano no conoce distinción de género, cultura ni creencia; es universal. Defiende que el ser humano tiene una «forma indeterminada», y recoge todas las definiciones que se han hecho de él, no para negarlas, sino para probar que ninguna de ellas lo agota. La definición más universalmente aceptada del ser humano lo había descrito como una criatura racional. Pues bien, el joven filósofo no negaba, obviamente, la racionalidad humana, pero matizaba que el estatuto racional era una forma más de las que lo humano puede dotarse a sí mismo. El hombre puede ser menos que una bestia o incluso más que un mero ser racional, llegar a ser como un ángel. Lo importante, según Pico, es que la esencia del hombre consiste justamente en su ausencia de determinaciones, con lo cual, la esencia del hombre es su libertad para auto-crearse, para definirse a sí mismo, para decidir qué es con total autonomía. El ser humano es pura libertad. Esta es la tesis radical que anima el «Discurso»: en la libertad reside la dignidad humana.

«Discurso sobre la dignidad humana»[1]

Honorabilísimos Padres:

En los escritos de los árabes he leído el caso del sarraceno Abdalah. Preguntado sobre qué era lo que más digno de admiración aparecía en esta especie de teatro del mundo, respondió: «Nada más admirable que el hombre». Está de acuerdo con aquella sentencia de Mercurio: «Qué gran milagro es el hombre, oh Asclepio»[2]. Daba vueltas yo a estos dichos y trataba de explicarlos sin llegar a convencerme del todo de lo que muchos afirman sobre la excelencia de la naturaleza humana. Afirman, en efecto, que el hombre es el vocero de todas las criaturas; emparentado con los superio-

1. Traducción de Pedro R. Santidrián.
2. En este caso se refiere a la serie de escritos herméticos —*Asclepius I*—, escritos neopitagóricos que recogen la doctrina hermética.

res y rey de los inferiores. Intérprete de la naturaleza por la perspicacia de los sentidos, la intuición penetrante de su razón y la luz de su inteligencia. Puente entre la eternidad estable y el tiempo fluyente. Cópula del mundo, y como su himeneo, según los persas. Un poco inferior a los ángeles, según David. Todo esto es ciertamente muy grande, pero no la razón principal, según ellos, para apropiarse el privilegio de concitar con justicia la máxima admiración. ¿Es que no se ha de admirar más a los mismísimos ángeles y a los felicísimos coros celestiales?

Por fin me pareció llegar a entender por qué el hombre es el ser vivo más feliz y el más digno por ello de admiración. Y llegué a entender también cuál es la condición que le ha cabido en suerte dentro del Universo, que le hace despertar la envidia no solo de los brutos, sino de las estrellas y de las mismísimas inteligencias supramundanas. Cosa increíble y admirable, ¿y podría ser de otra manera si por esta su naturaleza el hombre es llamado y reconocido con todo derecho como el gran milagro y animal admirable?

1) Escuchad atentamente, Padres, el sentido de la condición humana, prestando vuestra humanidad a mi empeño. Dios, Padre y sumo arquitecto, había construido ya esta casa del mundo que vemos, templo augustísimo de la divinidad, según las leyes de su secreta sabiduría. Y había adornado las regiones sidéreas de inteligencias; poblando las esferas etéreas con almas inmortales, llenando las partes fétidas y pútridas del mundo inferior con toda clase de animales. Pero, acabada su obra, el gran Artífice andaba buscando alguien que pudiera apreciar el sentido de tan gran

maravilla, que amara su belleza y se extasiara ante tanta grandeza. Por eso, una vez acabada la obra, como atestiguan Moisés y Timeo, pensó en crear al hombre[3].

No había ya arquetipo sobre el que forjar una nueva raza, ni más tesoros que legar como herencia a la nueva criatura. Tampoco un sillón donde pudiera sentarse el contemplador del universo. Todo estaba lleno, todo ordenado en órdenes sumos, medios e ínfimos. Pero no podía faltar en este parto postrero, por agotada, la potencia creadora del padre. Ni podía titubear su sabiduría en cosa tan necesaria como carente de consejo. El amor generoso de aquel que un día ensalzaría la generosidad divina en los hombres no consentía condenarla en sí mismo.

El mejor Artesano decretó por fin que fuera común todo lo que se había dado a cada cual en propiedad, pues no podía dársele nada propio. En consecuencia dio al hombre una forma indeterminada, lo situó en el centro del mundo y le habló así: «Oh Adán: no te he dado ningún puesto fijo, ni una imagen peculiar, ni un empleo determinado. Tendrás y poseerás por tu decisión y elección propia aquel puesto, aquella imagen y aquellas tareas que tú quieras. A los demás les he prescrito una naturaleza regida por ciertas leyes. Tú marcarás tu naturaleza según la libertad que te entregué, pues no estás sometido a cauce angosto alguno. Te puse en medio del mundo para que miraras placenteramente a tu alrededor, contemplando lo que hay en él. No te hice celeste ni terrestre, ni mortal ni inmortal. Tú mismo te has de forjar la forma que prefieras para ti, pues eres el árbitro de tu honor, su

3. Génesis, 1, 3; Platón, *Timeo*, 41 b y ss.

modelador y diseñador. Con tu decisión puedes rebajarte hasta igualarte con los brutos, y puedes levantarte hasta las cosas divinas».

¡Qué generosidad sin igual la de Dios Padre y qué altísima y admirable dicha la del hombre! Le ha dado tener lo que desea, y ser lo que quiera.

Los animales —dice Lucillo— traen ya del vientre de su madre lo que han de poseer. Por su parte, los espíritus comenzarán a ser lo que serán por eternidades sin fin, desde el comienzo o poco después. Dios Padre sembró en el hombre al nacer toda clase de semillas, gérmenes de vida de toda índole. Florecerá y fructificará dentro del hombre lo que cada individuo cultivare. Si cultiva lo vegetal, se convertirá en planta; si se entrega a lo sensual, será un bruto; si desarrolla la razón, se transformará en viviente celestial; si la inteligencia, en ángel e hijo de Dios. Y si insatisfecho con todas las criaturas se vuelve al centro de su unidad, él, que fue colocado por encima de todas las cosas, las superará a todas, hecho un mismo espíritu con Dios, envuelto en la misteriosa oscuridad del Padre. ¿Habrá quien no admire a nuestro camaleón? ¿O habrá algo más digno de admiración? Con razón afirmó el ateniense Asclepio que el hombre, por su naturaleza versátil y capaz de transformación, estaba simbolizado en los relatos míticos por Proteo.

2) A esto responden las metamorfosis de hebreos y pitagóricos. Porque la teología hebraica convierte al Santo Enoch en ángel de la divinidad, llamándole Malakh ha-shekhinah, y en otras diversas realidades. Por su parte, los pitagóricos convierten a los malvados en bestias, y si damos fe a Empé-

docles[4], también en plantas. Siguiendo su ejemplo, Mahoma no dejaba de repetir: «Quien se aparta de la ley de Dios se convierte en bruto». Tenía razón, porque la planta no es la corteza, sino su naturaleza roma e insensible. Ni los jumentos son su pellejo, sino su alma bestial y sensual. Como tampoco el cielo lo constituye el cuerpo esférico, sino la recta razón; ni se es ángel por no tener cuerpo, sino por poseer una inteligencia espiritual.

Si ves, pues, a alguien entregado a su vientre y arrastrándose por el suelo, no es un hombre, es una planta. Si te detienes ante alguien obnubilado, como otro Calipso, con vanos fantasmas, y entregado al halago acariciante de los sentidos, no es un hombre lo que ves, es una bestia. Si ves a un filósofo que todo lo interpreta a la luz de la razón, venérale; es un animal celeste, no terreno. Y si ves a un contemplativo puro, olvidado de su cuerpo y metido en el templo de su espíritu, no lo dudes, ese no es un animal de la tierra ni del cielo; es un numen superior vestido de carne humana.

¿Quién, pues, no admirará al hombre? En las Sagradas Escrituras —mosaicas y cristianas— se le nombra con la expresión «toda carne». «Toda criatura», ya que es él quien se representa, se constituye y se transforma en la imagen de toda carne, en la obra de todo ser creado[5]. Por ello, sin duda el persa Evantes[6], cuando expone la teología caldea, afirma que el hombre no tiene por sí mismo y por naci-

---

4. Empédocles, fragmento 117: «Yo ya he sido antes un muchacho y una muchacha, un arbusto, un pájaro y un mudo pez de mar».
5. Génesis, 6, 12.
6. Evantes: filósofo persa con gran influencia en los filósofos presocráticos, especialmente los pitagóricos (siglo VI a. C.).

miento una imagen propia, pero sí muchas extrañas y adventicias. De ahí el dicho de los caldeos: es decir: el hombre, animal de naturaleza versátil y tornadiza.

3) Y todo esto ¿a qué viene? Para que, nacidos con esta condición, entendamos que debemos ser lo que queremos ser. Y hemos de procurar que no se diga de nosotros: «El hombre opulento e inconsciente es como animal que perece»[7]. Que se diga más bien aquello del profeta Asaph: «Dioses e hijos sois todos del Altísimo»[8]. No convirtamos en perdición la opción libre y salvadora que nos deparó la generosidad graciosísima del Padre, usando mal de ella. Que embargue nuestra alma una santa ambición de no contentarnos con lo mediocre. Debemos ansiar lo más alto y tratar de conseguirlo con todas nuestras fuerzas. Querer es poder. Desechemos lo terreno, despreciemos lo celeste y volemos a la morada que está más allá del mundo y próximo a la divinidad, dejando a un lado este mundo. Allí, como atestiguan los sagrados misterios, ocupan el primer lugar los Serafines, los Querubines y los Tronos. Emulemos su dignidad y su gloria, dispuestos a no pasar a un segundo plano. Si queremos, en nada les seremos inferiores.

4) Pero ¿cómo conseguirlo? ¿Qué hemos de hacer? Observemos lo que hacen y cómo viven. Si vivimos como ellos —y podemos vivir—, compartiremos su suerte. El Serafín es fuego de amor, el Querubín resplandece con el brillo de su inteligencia, y la firmeza de juicio del Trono le hace in-

7. Salmo, 49, 21.
8. Salmo, 82, 6.

conmovible. Ahora bien, cuando engolfados en una vida activa nos ocupamos con juicio equilibrado de los seres inferiores, entonces nuestra solidez será tan firme como la de los Tronos. Si libres de toda actividad nos entregamos al ocio de la contemplación —viendo en la obra al Artífice, y en el Artífice a la obra—, la luz de los Querubines inundará de resplandor todo nuestro ser. Si con el amor nos unimos al único y solo Artífice, el fuego devorador nos inflamará de repente como a los Serafines. Dios, juez de los siglos, descansa sobre el Trono, esto es, sobre el juez justo. Se cierne sobre el Querubín, es decir, el contemplativo, y su calor incubador lo hace germinar. Pues el aliento del Señor se cernía sobre la faz de las aguas[9], las que están por encima del firmamento, las que en Job[10] alaban a Dios con himnos matinales. El que es Serafín, es decir, amante, está en Dios y Dios en él. Todavía más: Dios y él son una misma cosa. Grande es el poder de los Tronos que alcanzamos juzgando, altísima la sublimidad de los Serafines que tocamos amando.

Pero ¿es posible juzgar o amar aquello que no se conoce? Moisés amó a Dios porque lo vio. Y fue juez ante su pueblo por lo que antes contemplara en la montaña. El Querubín, pues, es mediador en nuestro empeño, nos dispone con su luz para el fuego seráfico y nos alumbra para el Juicio de los Tronos.

Este es el nudo que une a las más altas inteligencias, el orden de Palas[11] que regula la filosofía especulativa. A no-

9. Génesis, 1, 2.
10. Job, 38, 7.
11. Palas o Minerva: diosa de la sabiduría.

sotros toca emular y ambicionar primero, y después digerir
de tal manera que de allí pasemos a escalar las altas cotas del
amor. De esta suerte, bien enseñados y adiestrados, bajare-
mos a poner en práctica las exigencias de una vida activa. Se
ha de mirar además —si queremos conformar nuestra vida
con la de los Querubines— qué clase de vida es la suya, qué
hacen, cómo se comportan, y dado que no podemos conocer esto por nosotros mismos —somos carne y solo gusta-
mos las cosas a ras de tierra—, acerquémonos a los Padres
antiguos. Ellos nos darán noticia abundante y fiable de todo,
como de cosas caseras y familiares para ellos.

5) ¿Qué es lo que vio hacer a los ejércitos de los Querubines al ser arrebatado al tercer cielo? Preguntémoselo al
Apóstol Pablo, vaso de elección. Su respuesta, a través de
su intérprete Dionisio[12], nos dice que primero se purifican,
después son iluminados y finalmente llegan a la perfección.

Nosotros —los que anhelamos en la tierra la vida de los
Querubines— debemos purificar nuestra alma de los impulsos de nuestras pasiones por medio de la ciencia moral.
Debemos disipar la tiniebla de la razón con la dialéctica y
expulsar las inmundicias de la ignorancia y de los vicios.
De este modo, nuestros afectos no se desbocarán indómi-
tos, ni nuestra razón insensata delirará insensatamente.

Inunde, pues, la filosofía natural nuestra alma, ya bien
ordenada y purificada, y condúzcala al perfecto conocimiento de las cosas divinas. Y si no basta nuestro testimo-

12. Se cree que Dionisio fue un monje de los siglos V-VI d. C., conocido
como el pseudo-Dionisio o san Dionisio Areopagita. *De Coelesti Hierar-
quia*, VII-VIII.

nio, preguntemos al patriarca Jacob, figura resplandeciente en su trono de gloria. Este sapientísimo Padre nos instruirá, mientras duerme acá en el suelo y vigila allá en lo alto. Y lo hará en alegoría —así les sucedían a ellos todas las cosas—, mostrándonos que hay una escala que se apoya en la tierra y sube hasta el último cielo. Tiene infinitas gradas. En lo más alto se sienta el Señor. Y los ángeles en contemplación se suceden subiendo y bajando por las gradas[13].

Si ansiamos, pues, parecernos a los ángeles, imitando su ejemplo, ¿quién, pregunto, se acercará a esa escala del Señor con los pies sucios y las manos no bien limpias? No es lícito al impuro tocar las cosas puras, dicen las Escrituras. Entonces, ¿cuáles son esos pies y esas manos? El pie del alma es aquella parte digna de desprecio con la que se apoya en la materia, que es como el suelo de la tierra. Me refiero a esa capacidad que alimenta y devora, que es incentivo de placer y maestra de voluptuosidad. ¿Y por qué no decir que las manos del alma son la potencia irascible que lucha por ella? Aliada al apetito, cobra su presa al polvo y al sol, devorándola y refocilándose adormilada a la sombra. Hemos de lavar estas manos y estos pies con la filosofía moral, como un chorro de agua corriente. Así no seremos bajados de la escala como laicos e impuros. Se trata de lavar toda la parte sensual, en la que se asienta el halago del cuerpo, y que la retiene, agarrándola, como se dice vulgarmente, por el cuello.

No bastará con esto si queremos seguir discurriendo por la escala de Jacob como compañeros de los ángeles. Previamente deberemos ser entrenados e instruidos para avanzar

13. Génesis, 28, 12-13.

debidamente grada a grada. Así no nos caeremos nunca de la escala y encaminaremos nuestros movimientos de subida y bajada por ella. Y una vez hayamos conseguido esto —sea por vía del discurso, sea por la razón—, vivificados por el espíritu de los Querubines, discurriendo por los grados de la escala, es decir, de la naturaleza, recorreremos todas las cosas con un movimiento del centro al centro. Entonces, o bien descenderemos disolviendo el uno en la pluralidad —con fuerza titánica, como a Osiris[14]— o ascenderemos, recogiendo los miembros de Osiris —devolviéndolos a la unidad, con fuerza apolínea—. Para llegar, finalmente, a la consumación y a la quietud de la felicidad teológica en el seno del Padre que está en lo más alto de la escala.

6) ¿Y qué es, por encima de todo, lo que desea el Dios altísimo de los diez millones de espíritus que lo asisten? Preguntémoselo también al justo Job, que antes de venir él a la vida selló un pacto con el Dios de la vida. Y responderá que la paz, según lo que leemos: «El que hace la paz en lo alto»[15]. Y que sea intérprete el filósofo Empédocles de las palabras del teólogo Job, puesto que los principios de un orden supremo son interpretados, para los órdenes inferiores, por un orden intermedio. Empédocles distingue dos naturalezas en nuestra alma: la una nos eleva a lo celeste, la otra nos empuja hacia abajo. Esto lo expresa con los nombres de discordia y amistad, o de guerra y paz, según puede verse en sus poemas. Y se queja de que, lanzado al alto

14. Dios egipcio que alcanzó la inmortalidad después de haber sido muerto y descuartizado, y esparcidos sus restos por Egipto.
15. Daniel, 7, 10.

como un loco por la discordia y la guerra, prófugo de los dioses, se vea arrojado al abismo[16].

Hay, en efecto, Padres carísimos, entre nosotros pluralidad de discordias. Más que guerras civiles, lo que tenemos en casa son graves e intestinas luchas. Solo la filosofía puede contenernos y poner paz verdadera entre nosotros, si de veras queremos que no haya discordia y si buscamos aquella paz que nos eleve a lo alto, junto a los excelsos del Señor. Primero, la filosofía moral —si es que solo buscamos una tregua con los enemigos— será capaz de frenar el galope desbocado del multiforme bruto que hay en nosotros, parando las arremetidas, las furias y asaltos del león exterior. Después, si miramos más cuerdamente por nosotros y queremos la seguridad de una paz verdadera, esta vendrá a nuestras manos y llenará con creces nuestros deseos. Pues tocadas de muerte las dos fieras, como puerca herida, sellarán un pacto inviolable de paz santísima entre la carne y el espíritu. La dialéctica suavizará las arremetidas de una razón emboscada en logomaquias, desbaratando las falacias enmascaradas en el silogismo de un enemigo insinuante y peleón. La filosofía natural apaciguará las discordias de la opinión, las desavenencias que atormentan al alma inquieta, la dislocan y la desgarran. Y de tal manera los calmará que nos permita recordar lo dicho por Heráclito: «La naturaleza fue engendrada por la guerra»[17], y que, por esa misma razón, Homero la denominó lucha. No es, por tanto, la filosofía la destinada a darnos la quietud y paz estables. Eso corresponde y es privilegio de la teología santísima. La filo-

16. Empédocles, 115.
17. Heráclito, 16.

sofía nos mostrará el camino hacia la teología, y será nuestro compañero y nuestra guía. «Venid a mí —nos gritará— todos los que estáis cansados. Venid y os aliviaré. Venid a mí y os daré la paz que el mundo y la naturaleza no os pueden dar»[18].

7) Volemos con pies alados —como otros Mercurios terrestres— a los brazos de la madre felicísima, pues tan suavemente nos llama y tan benignamente nos invita. Gocemos de la paz anhelada, paz santísima, con unión indisoluble y amistad unánime. Esa amistad en que todas las almas no solo están de acuerdo con una mente suprema, sino que de modo inefable se funden totalmente con ella. Amistad que los pitagóricos dicen ser el fin de toda la filosofía. Es la paz de Dios en las alturas, la que los ángeles al descender a la tierra anunciaron a los hombres de buena voluntad[19]; por ella esos mismos hombres ascendieron hasta el cielo y se hicieron ángeles. Deseemos esta paz para los amigos, para nuestro tiempo, para la casa donde entremos. Deseémosla también para nuestra alma, de manera que por ella se convierta en morada de Dios. Descienda sobre ella el Rey de la Gloria, quien junto con el Padre ponga en ella su morada, después que la moral y la dialéctica hayan barrido todas sus inmundicias. Y después que se haya embellecido, como con pompa cortesana de las distintas partes de la filosofía, y haya coronado los dinteles de las puertas con las guirnaldas de la teología. Si por su inmensa clemencia se hace digna de tan gran huésped, recibirá el hermoso

18. Lucas, 12, 24.
19. *Ibid.*, 2, 14.

46

huésped no como tal sino como esposo, engalanada con manto de oro, como vestido de novia, rodeada de la variedad multicolor de las ciencias. Ya nunca se separará de él, prefiriendo ser arrancada de su pueblo y de su casa paterna. Y olvidada de sí misma, ansiará morir para vivir en el esposo, a cuyos ojos es preciosa la muerte de sus santos. Muerte, que cabría mejor llamarla plenitud de vida, cuya meditación fue para los sabios el estudio y quehacer de la filosofía.

8) Hagamos venir también a Moisés mismo, poco inferior a la fuente plena de inteligencia sacrosanta e inefable, en la que los ángeles se embriagan con su néctar. Oigamos al juez digno de respeto que nos dicta sus leyes a los que habitamos en la desierta soledad de este cuerpo. «Los que están manchados —dice— siguen necesitando de la moral. Vivan con el pueblo al descampado, como los sacerdotes de Tesalia, lejos del tabernáculo de la alianza y en régimen de expiación. Y los que ya han ordenado sus costumbres y han sido admitidos al santuario no toquen las cosas santas. Que como cumplidos levitas de la filosofía ejerciten el servicio de la dialéctica, y sirvan desde fuera a los ritos sagrados. Una vez que hayan sido admitidos a participar en los mismos —ese es el ejercicio sacerdotal de la filosofía—, que se entreguen a la contemplación de la belleza polícroma de la corte del Dios altísimo. Me refiero al cielo sideral, tanto al candelabro celeste de los siete brazos como a los otros ornamentos de piel del Santuario. Y al final —gracias a la excelsa Teología— penetraremos en lo más arcano del Templo, sin velos e imágenes, para gozar de la gloria de la divinidad». Esto es lo que nos manda Moisés. Y al mandar nos advierte, espolea e invita a que por la filosofía —mien-

tras podamos— nos vayamos preparando el camino a la futura gloria del cielo[20].

9) No solo Moisés o los misterios cristianos, sino también la teología antigua, nos muestran los bienes y la dignidad de las artes liberales, en cuya discusión estoy embargado. ¿Qué significan, si no, los grados de iniciación observados en los misterios de los griegos? Los iniciados accedían a la recepción de los misterios, purificados por la moral y la dialéctica —artes verdaderamente expiatorias—. ¿Qué es, si no, la investigación de los secretos de la naturaleza por medio de la filosofía natural?

Así dispuestos, tenía lugar la Epopteia[21], o contemplación de las cosas divinas a la luz de la teología. ¿Puede haber alguien que no ansíe ser iniciado en tales misterios? ¿Quién, olvidado de su cuerpo y viviendo todavía en esta tierra, no deseará sentarse a la mesa de los dioses, despreciando lo humano y pisoteando los bienes de la fortuna? ¿Quién, embriagado por el néctar de la inmortalidad, no querrá recibir el don de la inmortalidad, siendo todavía animal mortal? ¿Habrá alguien que no quiera sufrir los arrebatos de Sócrates descritos por Platón en su *Fedro*?[22] ¿Quién no querrá huir velozmente de este mundo, dominado todo él por el maligno, remando con pies y alas, y ser transportado a la Jerusalén celestial?

Sí, Padres; seremos transportados y arrebatados por el entusiasmo sacrosanto, que nos enajenará y pondrá nuestra

20. Éxodo, 25-26.
21. Epopteia: «visión directa», en griego en el original. En los misterios de Eleusis era el vidente que alcanzaba el mayor grado de iniciación.
22. Platón, *Fedro*, 244 y ss.

mente y todo nuestro ser en Dios. Si hacemos lo que está en nuestra mano, seremos así transportados. En efecto, si la moral dirige la fuerza de los apetitos por sus cauces naturales según sus funciones; y si la dialéctica mueve la razón haciéndola avanzar hacia su propio nivel y medida, entonces, tocados por el arrebato de las Musas, regalaremos nuestros oídos con la música celeste. Entonces Baco, el corifeo de las Musas, nos mostrará a nosotros los que filosofamos lo invisible de Dios, en sus misterios, esto es, en los signos de la naturaleza visible. Y nos emborrachará con la abundancia de la casa de Dios, en la que si permanecemos fieles como Moisés —dejando entrar a la teología— nos enardecerá con doble ímpetu. Primero, una vez en la cima de aquel mirador elevadísimo, seremos amadores alados de la eternidad indivisible —como vates apolíneos que miden desde allí lo que es, lo que será y lo que fue, contemplando la Primera Hermosura—. Y después, como tocados por un plecto o por el amor divino, como Serafines encendidos, enajenados y ebrios de divinidad, ya no seremos nosotros mismos, seremos aquel que nos hizo.

10) Cuando escudriñamos los nombres sagrados de Apolo y sus ocultos y arcanos sentidos, fácilmente advertimos que este dios es no menos filósofo que poeta. Así lo vio Ammonio, llegando a esta misma conclusión, lo que evita que vaya yo ahora por otros derroteros. Os pido, pues, Padres, que evoquéis los tres preceptos deíficos, imprescindibles para los que quieren entrar en el Templo santo y augustísimo, no del figurado, sino del moderno Apolo, de aquel que alumbra a todo hombre que viene a este mundo. Podréis ver que no nos inculcan más que tomemos en serio, y con

todas nuestras fuerzas, esta filosofía tripartita que venimos discutiendo. Porque, bien mirado, la frase ('nada en demasía') señala la norma y la regla a todas las virtudes desde el criterio del «punto medio», que estudia la moral. Y aquel ('conócete a ti mismo'), ¿no nos incita y estimula a conocer toda la naturaleza de la que la del hombre es broche y compendio? Quien se conoce lo conoce todo en sí, como escribió primero Zoroastro, y después Platón, en el *Alcibíades*[23]. Iluminados, finalmente, por el conocimiento de la filosofía natural, muy próximos ya a Dios, pronunciando con invocación teológica el EI: 'eres', invocaremos con tanta familiaridad como alegría al verdadero Apolo[24].

11) Consultemos además al sapientísimo Pitágoras, un gran sabio, sí, porque nunca se consideró merecedor de tal nombre. Y lo primero que nos ordenará será que no nos sentemos sobre el celemín; que no perdamos ni aflojemos por incuria ni vagancia esa parte racional del alma que todo lo mide, lo juzga y lo escudriña; que la dirijamos y estimulemos con el ejercicio y las reglas de la dialéctica.

Luego nos pondrá en guardia contra dos cosas: primera, mear contra el sol; segunda, cortarnos las uñas durante el sacrificio. Pues solo cuando ayudados por la moral hayamos desarraigado las apetencias de desmadradas voluptuosidades y hayamos cortado los rebordes cortantes de la ira y las púas del alma, solo entonces entraremos a participar en los ritos sagrados. Entraremos en los misterios que ya mentamos de Baco, teniendo como padre y guía —según

---

23. Platón, *Alcibíades*, I, 132 c.
24. Apolo: dios de la belleza, de la verdad, de la armonía.

es fama— al mismo sol. Entonces vacaremos a la contemplación.

Por último, nos aconsejará echar de comer al gallo. Nos da a entender con ello que alimentemos la parte divina del alma, dándole como manjar sabroso y ambrosía celestial el conocimiento de las cosas divinas. Este es el gallo ante cuya presencia el león —todo poder terreno— tiembla y se postra. Es aquel gallo a quien le fue dada inteligencia —según leemos en Job[25]—; cuando canta este gallo, el hombre descarriado vuelve en sí. Este gallo viene cada mañana al levantarse la aurora a sumarse al concierto de los que cantamos a Dios con los luceros del alba. Sócrates —al filo ya de la muerte, y a la espera de unirse la divinidad de su alma con la divinidad del mundo— nos dijo que este gallo se lo debía a Esculapio, el médico de las almas, estando ya fuera de todo peligro de enfermedad[26].

12) Consignemos también el testimonio de los caldeos. Si se les da fe, veremos que el camino a la felicidad está abierto —por los mismos medios— a todos los mortales. Nos dicen los intérpretes caldeos que Zoroastro[27] afirmó que el alma era alada y que cayó precipitada en el cuerpo, al desprendérsele las alas. Volvieron a crecerle, y entonces remontó el vuelo hacia los dioses. Preguntado por sus discípulos cómo compartirían con las aves un alma voladora bien emplumada, les respondió: «Regad las alas con las aguas de la vida». Insistieron ellos: «¿Cómo obtener tales

25. Job, 38, 36.
26. Platón, *Fedón*, 118.
27. Zoroastro o Zaratustra (siglo VI a. C.): sabio y reformador religioso persa.

aguas?». Entonces les respondió, según su estilo, con una parábola[28].

«Cuatro ríos bañan y riegan el paraíso de Dios; de ellos sacaréis vuestra agua de vida. El que viene del aquilón (norte) se llama Pisjón, que significa lo recto; el que viene del ocaso es Dichón, que denota expiación; el que viene del Oriente, Chidekel, que suena a luz, y el que viene del Mediodía, Perath, que puede interpretarse por piedad». Ahora poned atención y mirad, Padres, el significado de estas doctrinas de Zoroastro. Apuntan, sin duda, a que por la ciencia moral, como con fuertes baños boreales, limpiemos las legañas de nuestros ojos. Y por la dialéctica suavicemos su pupila para lo recto como con regla boreal.

Entonces podremos irnos acostumbrando, por la contemplación natural, a aguantar la luz de la verdad, como el primer brillo del sol cuando nace. Hasta que, llevados por la piedad teológica y el culto de Dios —cual águilas reales—, podamos aguantar el intenso resplandor del sol en su cénit. Quizá sean estos los saberes matinales, meridianos y vespertinos que primero cantara David[29] y explicara después Agustín. Esta es la luz ígnea de mediodía que quema la cara, que inflama a los Serafines y alumbra también a los Querubines. Esta la región a la que el viejo patriarca Abraham encaminaba siempre sus pasos. Este aquel lugar donde, a decir de cabalistas y moros, no tienen cabida los espíritus inmundos.

Y entonces, si es que es lícito sacar a la luz algo de los misterios sagrados —aunque sea bajo el velo del enigma—;

28. Génesis, 2, 10-14.
29. Salmo 55, 18.

y teniendo en cuenta que la caída fulminante del cielo hirió de vértigo la cabeza de nuestro hombre, y colándose de rondón por las ventanas —como dice Jeremías— dañó el hígado y el corazón, invoquemos a Rafael, el médico celestial que nos curará con los saludables fármacos de la moral y de la dialéctica. Recuperada la salud, vendrá a vivir con nosotros Gabriel, la fuerza de Dios. Él nos llevará a través de los milagros de la naturaleza, nos mostrará por doquier la virtud y el poder de Dios para entregarnos finalmente al Sumo Sacerdote Miguel. Este, a su vez, coronará como con corona de piedras preciosas con el sacerdocio de la teología a los que somos veteranos bajo las banderas de la filosofía[30].

13) Estas cosas, Padres venerables, son las que no solo me llevaron, sino que me empujaron al estudio de la filosofía. Yo no pensaba decirlas de no haber tenido que responder a los que suelen condenar el estudio de la filosofía, máxime a la gente principal y a los que gozan de una fortuna confortable. Pues todo lo que sea filosofar —y esta es la desgracia de nuestro tiempo— se acerca más al desprecio y a la deshonra que al honor y la gloria. Hasta tal grado se ha difundido en la mente de todos la nefasta y monstruosa creencia de que no hay que filosofar, o solo deben hacerlo unos pocos. ¡Como si el explorar hasta las últimas causas de las cosas y familiarizarse con ellas, con las leyes de la naturaleza, el sentido del universo, los misterios de los cielos y de la tierra, no consistiera más que en conseguir algún favor o sacar algún lucro!

---

30. Jeremías, 9, 10. Rafael, Gabriel y Miguel son los tres arcángeles bíblicos de los que se sirve Yavé para sus mensajes y misiones.

Hemos llegado —lo digo con dolor— hasta no tener por sabios sino a los que convierten en mercenario el cultivo de la filosofía. Vemos así el espectáculo de una púdica Minerva que los dioses nos dieron a los mortales como regalo, expulsada, vociferada, silbada. No tiene quién la quiera, la acoja, si no se presta como ramera, y a cambio de unas monedas por su desflorada virginidad, a echar en el cofrecito del amante la mal ganada paga. Digo todo esto —llevado de grandísimo dolor e indignación— no contra los príncipes, sino contra los filósofos de nuestro tiempo. Contra los que piensan y proclaman que no vale la pena filosofar, por la simple razón de que para los filósofos no hay premios ni paga establecidos. ¡Como si no fuera bastante esto para demostrar que no son filósofos! Si toda su vida tiene como meta el lucro y la ambición, es claro que no buscan el conocimiento de la verdad por sí misma.

Me concederé a mí mismo el honor, y no me avergüenzo de alabarme por haberme entregado a la filosofía por ella misma. No espero ni busco de mis estudios y reflexiones nada más que el cultivo del espíritu y el conocimiento de la verdad, que siempre y tan intensamente amé. Tanta ansia y pasión tuve siempre por ella que, dejando a un lado asuntos privados y públicos, me entregué de lleno al ocio de la contemplación. Ninguna murmuración de los envidiosos, ninguna pulla de los enemigos de la sabiduría me pudieron apartar de ella hasta ahora, ni podrán hacerlo en el futuro. La filosofía me ha enseñado a depender de mi conciencia más que de los juicios extraños. Y sobre todo me ha enseñado a no decir ni hacer algo malo, y no tanto a andar en las lenguas maldicientes.

14) Soy consciente, Padres honorables, de que esta mi disputa sería tan grata para vosotros —mecenas de las buenas letras— que quisisteis honrarla con vuestra augusta presencia, como pesada y molesta para otros muchos. Me doy cuenta de que están aquí quienes ya antes reprobaron mi empeño y lo condenan ahora con muchos calificativos. Es ya costumbre que haya menos detractores —iba a decir más— de lo bueno y santo que se hace por la virtud que de lo inicuo y perverso que se convierte en vicio. Hay quienes no aprueban esta clase de disputas y debates públicos sobre temas doctrinales. Estiman que son más para el lucimiento del ingenio y ostentación del saber que para aumentar el conocimiento. Hay también quienes, aun sin condenar esta clase de ejercicios, rechazan que sea yo quien los haga. Que yo, a mi edad, a mis veinticuatro años, me haya atrevido a proponer una disputa semejante sobre altísimos misterios de Teología cristiana, sobre temas profundos de filosofía y de disciplinas no conocidas. Y esto en una urbe celebérrima, ante una brillantísima asamblea de varones doctísimos, y ante los ojos del senado apostólico.

Otros, aun concediéndome que baje a la arena de la Disputa, no se avienen a que abarque las 900 tesis[31]. Me tildan de superfluo y ambicioso, como si quisiera emprender algo superior a mis fuerzas. Si la filosofía que yo profeso me hu-

31. Las *900 tesis* o conclusiones son una serie de proposiciones seleccionadas y elaboradas por Pico para ser discutidas públicamente. Están tomadas de los escolásticos cristianos (124 tesis); de los árabes (84 tesis); de autores persas, egipcios, babilonios. Y el resto, de los filósofos clásicos comentaristas de Platón y Aristóteles: Ammonio, Simplicio, Alejandro de Afrodisias, Temistio, Teofrasto, Plotino, Jámblico y Proclo. Especial interés tienen para Pico los neopitagóricos y los caldeos, junto con la cábala, de los cuales tomará el resto de las tesis o conclusiones.

biera guiado en ese sentido, al punto me hubiera rendido a sus objeciones. Y no respondería yo aquí si ella no lo aconsejara, y si estuviera convencido de que la disputa entre nosotros solo obedecía a un afán de lucha y de contienda. Lejos, pues, toda intención de golpes bajos y de heridas. Lejos también de nuestra mente la mala sangre, que, según Platón, está siempre ausente de la armonía divina. Pongámonos más bien a considerar como amigos si merece la pena que yo discuta y sobre ese número de tesis.

15) En primer lugar, no diré muchas cosas a los que me echan en cara esta costumbre de disputar en público. Mi culpa —si es que la hay— la comparto con todos vosotros, doctores excelentísimos, que con frecuencia desempeñáis este oficio y con suma alabanza y gloria. Y la comparto también con Platón y Aristóteles y otros filósofos reconocidísimos de todos los tiempos[32]. Todos ellos tenían por evidente que para alcanzar el conocimiento de la verdad —empeñados como estaban en su búsqueda—, nada tan necesario como el ejercicio frecuentísimo de la disputa. Pues así como con la gimnasia se robustecen las fuerzas del cuerpo, de la misma manera no hay duda de que en esta palestra literaria las fuerzas del alma se fortalecen y se ensanchan. No creo que los poetas cuando cantan las armas de Palas, o cuando los hebreos hacen del hierro (לזדכ) el símbolo de los hombres sabios, quieran darnos a entender otra cosa sino los limpios combates de esta índole, como indispensables para la sabiduría. Estoy seguro también, por la misma razón, de que los caldeos cuando educan al futuro filósofo hacen que

---

32. Platón, *Fedro*, 247.

Marte mire a Mercurio con triple mirada. Dando a entender que si quitamos estos encuentros y disputas, la filosofía entrará en un estado de sopor y somnolencia.

16) Un poco más difícil veo defender la razón de mi desacuerdo con los que me tachan de incompetente en este terreno. Si me declaro competente, caerá sobre mí el sambenito de inmodestia y engreimiento. Si, por el contrario, reconozco mi incompetencia, vendrá sobre mí la infamia de temerario y desaprensivo. Ved dónde me he metido, en qué situación estoy que no puedo en justicia prometer de mí lo que sin injusticia no puedo dejar de decir. ¿Me valdrá, por ventura, el dicho de Job de que «el espíritu está en todos»[33]?; ¿o el consejo de Pablo a Timoteo: «que nadie desprecie la juventud»[34]?

No puedo negar que soy estudioso y que me gustan las buenas letras, pero no asumo ni me arrogo el nombre de sabio. Pase, pues, que el haber cargado sobre mis hombros tan gran peso no se debe atribuir a inconsciencia de mi debilidad, sino a que era consciente de que lo peculiar y original de estas peleas literarias es ganar siendo vencido. En consecuencia, que el más negado de luces no solo puede y debe ejercitarse en ellas, sino que ha de buscarlas. El que cae en esta pelea no recibe del vencedor daño, sino beneficio. Es claro que por su medio vuelve a casa más rico, más docto y más preparado para ulteriores combates. Esto me conforta a mí, soldado bisoño, y no me hace entablar un combate tan duro con los más diestros y aguerridos. Si he

33. Job, 32, 8.
34. Timoteo, 4, 12.

sido o no temerario, lo podrá decir quien juzgue más por el éxito de la pelea que por mi edad.

17) Me queda responder, en tercer lugar, a aquellos a quienes molesta el número elevado de tesis propuestas. Se diría que son ellos los que han de llevar la carga sobre sus hombros y no sobre los míos, y que, por lo mismo, habrán de hacer ellos solos todo el trabajo. Es poco razonable, y en sumo grado pesado, querer medir la capacidad ajena y, como dice Cicerón, buscar el punto medio en aquellas cosas que, cuanto mayores, mejores son. Total, que al afrontar tan gran empeño había que sucumbir en él o darle cima. Si lo remataba, no acierto a ver por qué lo que es digno de alabanza al acertar en diez cuestiones sea un vituperio culpable dilucidando novecientas. Caso de sucumbir, los que me quieren mal sacarían motivo para acusarme, y para excusarme los que me quieren bien. Que un jovencito fracase —por cortedad de talento o por falta de doctrina— en asunto tan grave y tan desproporcionado es más digno de indulgencia que de acusación. Pues como dice el poeta:

> Si deficiunt vires audacia certe
> honor erit, in magnis voluisse satis est[35].
> (Si faltan las fuerzas, la audacia será un
> honor. En lo grande basta con querer).

Muchos contemporáneos nuestros, a ejemplo de Gorgias Leontino, se han lanzado —no sin aplauso— a proponer disputas no ya sobre novecientas tesis, sino sobre todas las

35. Propercio, *Elegías*, II, 10, 6.

artes. Entonces, ¿por qué no me será permitido a mí disputar limpiamente sobre muchas cosas, sí, pero ciertas y concretas?

Es superfluo y ambicioso, dicen. Yo, por mi parte, afirmo que lo hago no a la ligera, sino por una imperiosa necesidad, como, mal que les pese, tendrán que reconocer si me acompañan en el estudio de la naturaleza del filosofar. Porque los que se alinearon en alguna de las escuelas filosóficas acercándose a Tomás o a Escoto, por ejemplo, que están ahora en boga, solo ponen en peligro sus opiniones personales en la discusión de unas pocas tesis. Mi formación ha sido tal que, sin jurar en las palabras de nadie, me he adentrado por todos los maestros de la filosofía, he desempolvado todos los pergaminos y he examinado todas las escuelas. Tuve que pronunciarme sobre todas ellas, no pareciera que por defender una opinión particular desechaba las demás y me aferraba a ella. Lo cual hizo que, aun diciendo poco de cada una, al mismo tiempo fuesen muchas las cosas que tenía la oportunidad de decir de todas. Y nadie me reproche que ponga mi asiento allí donde me empuja el viento. Recuerden que ya los antiguos acostumbraban a revolver toda clase de escritos, sin dejar de leer, si estaba a mano, los comentarios ajenos. El modelo de esto lo tenemos en Aristóteles, a quien por este motivo Platón llamó 'lector'. Y si somos sinceros, tendremos que reconocer que es de espíritus estrechos encerrarse solo en el Pórtico o en la Academia. Ni es razonable vincularse a una familia como propia quien no ha convivido con todas. Piénsese, además, que en cada familia hay siempre algo insigne, que no tiene nada en común con las demás.

18) Comenzaré ahora por los nuestros, a los que llegó la filosofía en la última hora. En Juan Escoto hay vigor y sutileza; en Tomás, solidez y equilibrio; en Egidio, tersura y precisión; en Francisco, penetración y agudeza; en Alberto, amplia y extensa sabiduría antigua, y en Enrique, sublimidad y reverencia. Entre los árabes, firmeza irrebatible en Averroes; gravedad y penetración en Avenpace y Alfarabí. En Avicena se siente a la divinidad y a Platón. Y en los griegos, la filosofía es siempre diáfana y casta. En Simplicio es abundante y rica; elegante y ceñida la de Temistio; coherente y erudita la de Alejandro; la de Teofrasto, elaborada con seriedad, y la de Amonio, suelta y llena de gracia[36].

Volviendo a los platónicos, seleccionaré unos pocos. Gozarás en Porfirio de la abundancia de temas y de una sofisticada religiosidad; en Jámblico te postrarás ante una filosofía secreta, penetrada de los misterios y ritos de los bárbaros; en Plotino, nada de entrada que admirar: siempre admirable. Habla divinamente de lo divino y superhumanamente de lo humano. La sutil ambigüedad de su estilo hace sudar a los platónicos para a duras penas poderle entender. Paso por alto a los más recientes: a Proclo, de lujuriante fecundidad asiática, y a sus epígonos Hermias, Damascio y Olimpiodoro. Y a muchos otros, en todos los

---

36. En este párrafo se hace alusión a tres clases de filósofos: 1) Escolásticos cristianos. Escoto Eriúgena (Juan), siglo IX; santo Tomás de Aquino (siglo XIII); Egidio Gil de Roma (siglo XIV); Francisco de Mayronís (siglo XIV); san Alberto Magno (siglo XIII) y Enrique de Gante (siglos XIII-XIV). 2) Filósofos árabes. Averroes (siglo XII); Avenpace (siglo XII); Alfarabí (siglo X) y Avicena (siglos X-XI). 3) Filósofos griegos comentaristas de Platón y Aristóteles, respectivamente: Simplicio, Temistio, Alejandro de Afrodisia (siglo III d. C.), así como Teofrasto (siglos IV-III a. C.) y Amonio (siglo IV a. C.).

cuales brilla siempre (lo divino), que es distintivo constante de los platónicos[37].

19) Os diré además otra cosa. Si existe una secta que arremete contra los principios más evidentes y se burla con chanzas calumniosas de las buenas causas, esa más que debilitar, confirma la verdad, lo mismo que al remover las ascuas, la llama mortecina no se apaga, sino que se aviva.

Estas razones me movieron a resucitar las opiniones no de una doctrina o escuela particular —cosa que hubiera agradado a algunos—, sino de cualquiera de ellas. Con ello no pretendía otra cosa más que cotejar y discutir las muchas y variadas filosofías. De esta manera luciría más claro en nuestras mentes el fulgor de la verdad, al que alude Platón en sus Cartas[38], como el sol cuando sale de sus profundidades. ¿Se puede pensar en tratar solo de la filosofía de los latinos, de Alberto, Tomás, Escoto, Egidio, de Francisco y Enrique, dejando a un lado a los filósofos griegos y árabes? Sabido es que toda la sabiduría pasó de los bárbaros a los griegos, y de estos a nosotros.

Este ha sido, por otra parte, el proceder constante de los nuestros que, para hacer filosofía, se apoyaron en descubrimientos ajenos y cultivaron los campos de otros. ¿Valdría algo estudiar la filosofía natural de los peripatéticos si no se tiene en cuenta también a los platónicos de la Academia?

---

37. Se citan en este apartado algunos de los principales filósofos neoplatónicos: Porfirio (siglos II-III d. C.); Jámblico (siglo IV d. C.); Plotino (siglo III d. C.); Proclo (siglo V d. C.) y sus discípulos Hermias, Damascio y Olimpiodoro. Estos filósofos neoplatónicos ejercerán una influencia y atracción especial en los humanistas.
38. Platón, *Carta VII*, 341.

¿Acaso sus enseñanzas —en especial su filosofía sobre las cosas divinas— no se han tenido como la más santa de las filosofías? Y si no que lo diga Agustín. ¿No he sido yo el primero, que yo sepa —y no se interprete mal la palabra—, que la ha traído a público examen y disputa, después de muchos siglos? ¿Es que tenía sentido tratar de las opiniones ajenas —de todas sin exclusión— si, al ser invitados a este banquete de sabios, nos coláramos de rondón, sin aportar nada propio, fruto y elaboración de nuestro ingenio? Ya dice Séneca[39] que es estéril el saber limitado a glosas, como si los logros de los mayores hubieran cerrado el camino a nuestro talento, y como si en nosotros se hubiera agotado ya el vigor de la naturaleza, impotente para dar a luz por sí misma algo nuevo, que si no demuestra la verdad por lo menos la insinúa desde lejos. Si el agricultor en el campo y el marido en la mujer aborrecen la esterilidad, mucho más odiará al alma infecunda una mente divina, su cómplice y asociada, sobre todo, cuando se espera de ella una descendencia mucho más noble.

20) Por todas estas razones, no contento con las doctrinas comunes tomé otras muchas de la antigua teología de Mercurio Trimegisto, de los caldeos, de Pitágoras y de los misterios más arcanos de los hebreos.

Propuse también a disputa una multitud de cosas que yo mismo hablé y medité sobre asuntos humanos y divinos.

21) Propuse, en primer lugar, una concordia entre Platón y Aristóteles, por muchos esperada anteriormente, pero

---

39. Séneca, *Cartas a Lucilio*, 33, 7.

por nadie suficientemente demostrada. Boecio, entre los latinos, prometió hacerla, sin que la realizara quien siempre la quiso. ¡Ojalá la hubiera hecho Simplicio entre los griegos, quien se la propuso y prometió! Y fueron muchos —como escribe Agustín en los *Académicos*[40]— los que con argumentos antiquísimos trataron de demostrar que la filosofía de Platón y la de Aristóteles eran una y la misma cosa. Juan el Gramático asegura que las diferencias entre Platón y Aristóteles solo existen para los que no entienden el lenguaje de Platón, pero la prueba de esto la dejó para los venideros. Añado muchos otros pasajes en que afirmo que los pareceres de Escoto y Tomás, los de Averroes y Avicena, tenidos por discordantes, son concordantes.

22) Manifesté, en segundo lugar, lo que pienso de la filosofía, tanto aristotélica como platónica, además de otras setenta y dos nuevas tesis físicas y metafísicas. Si alguien las defiende, será capaz —si no me engaño—, como demostraré en breve, de resolver cualquier cuestión sobre todos los temas humanos y divinos. Bastará con un simple razonamiento distinto del que hemos aprendido en la filosofía al uso en las escuelas y cultivada por los doctores de este momento.

Ni se debía nadie admirar, Padres venerabilísimos, de que yo, a mi corta edad y cuando apenas podía leer los comentarios ajenos —como se jactan algunos—, haya querido traer una nueva filosofía. Más bien se debería alabarla si se defiende bien, o condenarla, caso de ser reprobable. Y finalmente, creo que el juicio debería recaer sobre mis in-

40. San Agustín, *Contra Académicos*, III, 19.

venciones y escritos, apuntando no tanto a los años del autor como a sus méritos o servicios.

23) Aparte de la ya aducida, existe otra nueva forma de filosofía por medio de los números. Me refiero a aquella forma antigua practicada por los primeros teólogos: Pitágoras, Aglaofemo, Filolao, Platón y sus primeros discípulos. Como otras formas preclaras, ha caído tan en desuso en nuestro tiempo, por la incuria de los seguidores, que apenas hallamos huellas de ella. De ella escribe Platón en la *Epínomis*[41]: «entre todas las artes liberales y ciencias especulativas, la ciencia de los números es la primera y soberanamente divina».

Se pregunta por qué el hombre es un animal tan sabio, y responde: «porque sabe contar». Aristóteles hace suya esta afirmación en los *Problemas*[42]. Y Abumasar nos ha dejado escrito un dicho del babilonio Avenzoar: «El que sabe contar, lo sabe todo».

Lo que no puede ser cierto en modo alguno si por el arte de contar entendemos ese arte que cultivan y en el que son peritísimos nuestros mercaderes. Y lo corrobora Platón cuando nos dice con voz enfática que no debemos pensar que esta divina aritmética es la aritmética mercantil. Tras muchas elucubraciones creo, pues, haber llegado a explorar esta aritmética tan exaltada. Y lanzado ya a esta arriesgada empresa, prometí responder en público —sirviéndome de los números— a setenta y cuatro tesis que se consideran entre las principales de la física y de la teología.

41. Platón, *Epínomis*, 977 s y ss.
42. Aristóteles, *Problemas*, 20, 6, 956 a, 12.

24) He introducido también proposiciones mágicas. En ellas distingo dos clases de magia. Una que es obra y poder de los demonios y que, por Júpiter, se ha de execrar y aborrecer. Otra que, bien ponderado todo, no es sino pura filosofía natural. De ambas hacen mención los griegos, pero nunca dan el nombre de magia a la primera, a la que denominan *goeteía* (hechicería). Dan a la segunda el nombre de *mageía*, como sabiduría perfecta y suprema. Según Porfirio[43], significa lo mismo en persa la palabra 'mago' que en nuestra lengua 'intérprete' y 'aficionado a las cosas divinas'.

25) No solo grande, sino máxima, es la disparidad y desemejanza que existe entre ambas partes.

La primera no solo está condenada y execrada por la religión cristiana, sino por todas las leyes y por toda república bien constituida. La segunda la aprueban y abrazan todos los sabios y naciones preocupados por las cosas celestes y divinas. Aquella es inútil y vana; esta, firme, fiel y sólida. Quien se entregó a la primera, siempre la ocultó porque iba en detrimento y en deshonra de su autor. De la segunda fluyó desde la Antigüedad —y casi siempre fue buscada— la mayor claridad y gloria del saber. De aquella nunca se preocupó el varón docto, ni el filósofo deseoso de aprender las buenas letras. Para aprender esta se hicieron a la mar Pitágoras, Empédocles, Demócrito y Platón, predicándola a su vuelta y guardándola como el más estimable de los secretos. Aquella, como carente de argumentos verdaderos, tam-

---

43. Porfirio, *De Abstinentia*, IV, 6. *Goeteía*: magia, encantamiento, impostura. *Mageía*: magia, brujería, engaño. Adviértase la diferencia que históricamente atribuye Pico a los dos términos.

poco es seguida por autores fiables; esta, nacida de padres nobilísimos, tiene en su apoyo dos seguidores importantes: Zamolxides, a quien imitó Abbaris, el hiperbóreo, y Zoroastro, no ese que penséis, sino el que fue hijo de Oromaso[44].

Si ahora preguntáramos a Platón qué tipo de magia es la de ambos, nos responderá en el *Alcibíades*[45]. Allí nos dice que la magia de Zoroastro no es otra cosa que la ciencia de las cosas divinas. Las leyes de Persia educaban en ella a sus hijos, para que teniendo delante el ejemplo de la república del mundo aprendieran a gobernar su propia república. Y en el *Cármides*[46] nos dirá que la magia de Zamolxides es medicina del alma. Quiere decir que da al alma el equilibrio de la misma manera que la otra medicina la proporciona al cuerpo. Tras sus huellas caminaron después Caranda, Damigerón, Apolonio, Hostanes y Dárdano[47]. El mismo camino siguió Homero, del que algún día pienso demostrar en mi Teología poética que, como todas las demás ciencias, también siguió esta, amparándose en las excursiones de Ulises. Lo mismo hicieron Eudoxo y Hermipo. Y todos los que penetraron en los misterios pitagóricos y platónicos.

Según mis investigaciones, el árabe Alkindi, Roger Bacon y Guillermo de París[48] son los tres más recientes que

44. Zamolxides, Abbaris, Zoroastro, hijo de Oromaso. Magos o sabios caldeo-babilonios.
45. Platón, *Alcibíades*, I, 120 y ss.
46. Platón, *Cármides*, 156, en *Obras completas*.
47. Caranda, Damigerón, Apolonio, Hostanes y Dárdano son citados por Tertuliano en *De Anima,* 57, y por Plinio en la *Historia Natural*. De estos autores considerados como adivinos, magos o sabios se sirve Pico para esta cita.
48. Alkindi, Roger Bacon y Guillermo de París. Tres filósofos de la Edad Media, el primero árabe oriental (siglo IX), el segundo teólogo de Oxford (siglo XIII) y el tercero teólogo de París (siglo XIII).

olfatearon su rastro. Piensa también en ella Plotino cuando afirma que el mago no es un artífice de la naturaleza, sino su servidor. Como varón sapientísimo, aprueba y confirma esta clase de magia. Y tanto detesta la otra que, invitado a iniciarse en los misterios de los malos demonios, dijo con toda razón: «mejor es que vengan ellos a mí que yo a ellos»[49]. Porque así como aquella ata y esclaviza al hombre a los poderes malignos, esta otra le hace dueño y soberano de los mismos. Aquella no puede apropiarse el nombre de ciencia ni de arte. Esta, en cambio, abarca la contemplación profundísima de los más profundos secretos —inmersa como está en los más altos misterios— y el conocimiento de toda la naturaleza. La verdadera magia va buceando las fuerzas esparcidas por la mano generosa de Dios, e introducidas como semillas en el mundo, sacándolas de las tinieblas a la luz. Más que realizar milagros, sirve obediente a la naturaleza que los hace. Escruta la armonía del universo —que tan justamente llamaron los griegos (conocedora perspicaz y perfecta de las distintas naturalezas)—, cual artífice que pulsa con habilidad los caprichos de cada una —los llamados o sortilegios de los magos—, saca a la luz los milagros escondidos en las cavernas del mundo, en el seno de la naturaleza, en las reservas y arcanos de Dios. Como el labrador junta los olmos con las vides, de la misma manera el mago casa el cielo con la tierra, es decir, lo inferior con las cualidades y virtudes de lo superior.

De donde resulta que todo lo que tiene aquella de fantasmagórica y nociva, lo tiene esta de saludable y divina. Y ello porque la primera, al hacer esclavo al hombre de los

49. Plotino, *Enéadas*, IV, 42-43.

enemigos de Dios, lo aparta de Dios. La segunda, en cambio, admira la obra de Dios, teniendo como consecuencia certísima la fe, la esperanza y la caridad encendida. Nada contribuye tanto a la religión y culto de Dios como la asidua contemplación de sus maravillas. Si guiadas por esta magia natural que hablamos, llegamos a explorarlas —acuciados con más ardor a un gran amor al Artífice—, sentiremos la necesidad de cantar con el profeta: «llenos están los cielos, llena la tierra de toda la majestad de tu gloria»[50].

Y basta ya de magia. Si hemos hablado todo esto de ella es porque sé que hay quienes —como esos perros que siempre ladran a los extraños— condenan y detestan siempre lo que ignoran.

26) Paso a tratar ahora de aquello que aduje arriba, tomado de los antiguos misterios de los hebreos, para la defensa de nuestra sacrosanta fe católica. Me molestaría que incluso a los que lo ignoran les parecieran simples ocurrencias ingeniosas y bulos de feria. Por todo ello quiero que todos sepan de qué cosas se trata y cuál es su sentido, de dónde están tomados y qué autores ilustres las respaldan. Quiero demostrar cuán ponderadas, cuán divinas y necesarias son para que nuestros hombres puedan servirse de ellas en la defensa de nuestra religión contra las insidiosas calumnias de los hebreos.

Celebrados doctores hebreos y, entre los nuestros, Esdras[51], Hilario, Orígenes, afirman que Moisés no solo recibió

---

50. Isaías, 6, 3.
51. Este Esdras no se refiere a los libros bíblicos canónicos (Esdras y Nehemías), sino al Esdras Apócrifo, conocido como Esdras IV.

de Dios la ley que legó a la posteridad escrita en cinco libros, sino que además recibió en el monte una más secreta o auténtica explicación de la ley. Afirman también que Dios le mandó promulgar la ley al pueblo, pero que no debía poner por escrito ni publicar la interpretación de la misma. Solo se la podía revelar —bajo la sagrada obligación del silencio— a Jesús Nave[52] y este a los principales sacerdotes que le sucedieron. La simple narración de los hechos bastaba para dar a conocer tanto la omnipotencia divina como su ira contra los malvados, su clemencia para los justos y su justicia para todos. Bastaba asimismo para restablecer el culto de la verdadera religión, por medio de divinos y saludables preceptos encaminados a una vida recta y feliz. Pero abrir a la plebe los más secretos misterios de la divinidad latentes bajo la corteza de la ley y ocultos a los ignorantes en la envoltura de las palabras, ¿no hubiera sido tirar las cosas santas a los perros y echar las perlas a los puercos?[53]

27) Así pues, no fue recomendación humana, sino mandato divino, ocultar todo esto al vulgo y comunicarlo solo a los perfectos, a los que, dice Pablo[54], solo él habla la sabiduría. Los antiguos filósofos guardaron con toda religiosidad esta costumbre. Pitágoras apenas si escribió unas cosillas que entregó al morir a su hija Dania. Las inscripciones de las esfinges de los templos egipcios advertían que las enseñanzas secretas se mantuvieran inviolades de la plebe profana mediante los nudos de los enigmas. El mismo Platón,

52. Jesús Nave: sacerdote que aparece en este libro.
53. Se alude a Mateo, 7, 6.
54. 1 Corintios, 2, 6.

escribiendo a Dionisio sobre las sustancias supremas, le dice: «Me he de expresar por medio de enigmas, no sea que la carta caiga en manos extrañas y otros entiendan lo que te digo»[55].

Decía Aristóteles que los libros de la metafísica estaban publicados y no publicados.

¿Qué más? Afirma Orígenes que Jesucristo, maestro de vida, reveló muchas cosas a sus discípulos que estos no osaron escribir por no hacerlas comunes al vulgo. Y lo confirma Dionisio Areopagita. Este autor dice que los misterios más secretos de nuestra religión fueron transmitidos por los autores de mente a mente —sin escritura— mediante la sola palabra. ¿No sucedió exactamente lo mismo cuando, por mandato de Dios, se había de revelar la interpretación auténtica de la ley confiada de forma divina a Moisés? Se llamó a esta revelación «cábala», que para los hebreos vale tanto como para nosotros la palabra recepción. Y fue precisamente por esto: aquella doctrina no debía transmitirse por documentos escritos, sino de boca a boca, como por un cierto derecho hereditario y como por sucesivas y regulares revelaciones.

28) Una vez vueltos de la cautividad de Babilonia bajo el gobierno de Ciro —y restaurado el templo por Zorobabel—, los hebreos se aplicaron a instaurar la Ley. Esdras, presidente a la sazón de la asamblea, después de expurgado el libro de Moisés se dio cuenta de que, por razón de los destierros, matanzas, huidas y cautiverio del pueblo de Israel, sería ya posible mantener la costumbre establecida

55. Platón, *Carta II*, 312 d. e.

por los antepasados de transmitir la doctrina de mano en mano. Y vio que llegaría el tiempo en que se perderían los arcanos de la doctrina que Dios le había entregado, pues faltando las glosas, su memoria se desvanecería pronto. Determinó, pues, que —reunidos los sabios que habían quedado— cada uno de ellos pusiese en común cuanto recordase de memoria tocante a los secretos de la ley. Y les ordenó que —bajo la fe de escribanos— se redactasen en setenta volúmenes —tal era el número de sabios del Sanedrín— sus memorias.

Os pido, Padres, que no me creáis a mí solo en esto que digo. Escuchad las mismas palabras de Esdras. «Pasados cuarenta días, me habló el altísimo, diciendo: "Haz público lo que escribiste, que lo lean los dignos y los indignos. Pero habrás de conservar los setenta últimos libros y se los entregarás a los sabios de tu pueblo. En ellos está la vena del intelecto, la fuente de la sabiduría y el río de la ciencia". Y así lo hice». Esto dice Esdras al pie de la letra. Estos son los libros de la ciencia de la cábala. Esdras, con voz perfectamente clara, comenzó afirmando que en estos libros se encontraba la vena del intelecto: la teología inefable de la superesencial divinidad; la fuente de la sabiduría, es decir, la metafísica exacta de las formas inteligibles y angélicas; y el río de la ciencia o la firmísima filosofía de las cosas naturales[56].

29) Sixto IV, pontífice Máximo, predecesor del felizmente reinante Inocencio VIII, cuidó con todo empeño de que se publicasen estos libros en lengua latina para pública utili-

56. Esdras, IV, apócrifo.

dad de nuestra fe. A su muerte, tres de estos libros estaban ya en manos de los latinos. Tales libros son tenidos hoy en tanto respeto por los hebreos que nadie que no tenga los cuarenta años puede tocarlos. No sin pequeño gasto pude hacerme yo con ellos, y los he leído con todo cuidado y sin reparar en fatigas, habiendo descubierto en ellos —pongo a Dios por testigo— no tanto la religión mosaica como la cristiana. Allí encontré el misterio de la Trinidad, la Encarnación del Verbo, la divinidad del Mesías. Sobre el pecado original, la reparación que de él hizo Cristo, la Jerusalén celestial, la caída de los demonios, los coros de los ángeles, el purgatorio y sobre las penas del infierno, pude leer cosas iguales a las que leemos todos los días en Pablo y Dionisio, Jerónimo y Agustín. Y por lo que a la filosofía se refiere, podréis oír de cerca a Pitágoras y a Platón, cuyas doctrinas son tan afines a la fe cristiana que nuestro Agustín no cesaba de dar gracias a Dios por haber caído en sus manos los libros de los platónicos.

En resumen: apenas si hay punto alguno de controversia entre nosotros y los hebreos. Tomando como base estos libros de los cabalistas, se les puede retorcer el argumento y convencerlos, de modo que no les quede rincón alguno donde esconderse. Pongo por testigo de esto a Antonio Crónico, varón eruditísimo. Este, estando yo comiendo en su casa, oyó con sus propios oídos cómo Dáctilo[57], hebreo perito en esta ciencia, terminaba entregado de pies y manos reconociendo la doctrina cristiana de la Trinidad.

---

57. Antonio Crónico, Dáctilo, etc. Sabemos que Pico, a su vuelta a Italia después del destierro, se rodeó de amigos hebreos que le enseñaron la lengua y le iniciaron en la cábala judía. Entre estos amigos están Elías el mendigo, Flavio Mitrídates, etc.

30) Vuelvo ahora a señalar los principales capítulos de mi disputa. Expuse mi manera particular de interpretar los himnos de Orfeo y Zoroastro. Orfeo se lee entre los griegos casi entero. Zoroastro, entre los griegos, mutilado; entre los caldeos, casi completo. Los dos son padres y creadores de la sabiduría antigua. Paso por alto a Zoroastro, de quien los platónicos siempre hablan con suma veneración. Por su parte, Jámblico de Calcis afirma que Pitágoras tuvo por modelo la filosofía órfica, plasmando y dando forma a su filosofía a tenor de la misma. Y la razón por la que consideran sagrados los dichos de Pitágoras no es otra que su origen de las tradiciones órficas. De estas deriva la doctrina oculta de los números. Todo lo que de grande y sublime tuvo la filosofía griega manó de allí como de su hontanar. Siguiendo el uso de los antiguos teólogos, Orfeo entretejió los secretos de su doctrina con los adornos de la fantasía y los recubrió con ropaje poético. De este modo alguien podría pensar que en sus himnos solo se contienen fábulas y simples bromas.

He querido decir todo esto para que se aprecie bien el trabajo y la dificultad que supuso para mí sacar de la envoltura de los enigmas y de los recovecos de las fábulas los sentidos ocultos de una filosofía arcana. Sobre todo, tratándose de cosa tan grave, tan oculta y tan inexplorada, y sin la ayuda y el estímulo de otros intérpretes. Y confesaré que fueron esos mis perros los que me ladraron, tildándome de amontonar naderías sin fundamento, solo para hinchar el bulto. ¡Como si no hubiera aportado las cuestiones más intrincadas y controvertidas en las principales academias! ¡Y como si no hubiera puesto a disposición de aquellos mismos que me denigran y se tienen por los filósofos más encumbrados muchas cosas completamente desconocidas e insospechadas!

Diré más todavía. Tan lejos estoy de ese reproche, que he tratado de reducir el número de tesis de la disputa. De haber querido partirla en sus miembros y desmenuzarla —como hacen otros—, habría alargado el número hasta el infinito. Y dejando a un lado los otros temas, ¿quién no sabe que un solo tema de los novecientos —la conciliación de las filosofías de Platón y Aristóteles— podría haber sido diluido en otros seiscientos, y aún más, sin caer en la sospecha de mi empeño en la abundancia de los puntos? Bastaría con reseñar tan solo uno por uno todos los pasajes en los que piensan otros que disienten y que yo juzgo que concuerdan. Diré además —aunque sin modestia y contra mi manera de ser, forzado a ello por los envidiosos y detractores— que con esta disputa quise dar fe no tanto de que es mucho lo que yo sé, cuanto de que sé lo que muchos no saben.

31) No se prolongue ya más mi discurso, para que todo esto pueda salir a la luz, Padres venerabilísimos. Vengamos ya a las manos, doctores excelentísimos, para que se cumpla vuestro deseo, pues os veo —no sin gran complacencia por mi parte— preparados y ceñidos a la espera del combate que se augura fausto y feliz, como al son de clarín de guerra que nos llama.

Erasmo de Rotterdam

2. La locura y la violencia gobiernan el mundo

La historia de la humanidad a menudo es atravesada por episodios traumáticos como las guerras, las epidemias, las catástrofes y toda clase de desastres. En tales circunstancias, cunde la idea de que el mundo está loco o ha sido maldecido por una divinidad vengadora y terrible. De otro modo, el ser humano no logra entender racionalmente el sentido de su existencia. Así, se piensa que el mundo humano es ingobernable por la razón humana: aparece tan mal construido que solo podría ser obra de un loco o de un dios destructor. Sin embargo, en su su *Elogio de la locura*, Erasmo (1466-1536) no hacía referencia únicamente a estos episodios brutales. Según el humanista de Rotterdam, la locura gobierna el mundo incluso en los momentos de «normalidad», en la medida en que los valores en que se asiente la sociedad parezcan la creación de un loco. Así, con ironía[1], Erasmo escribe un elogio

---

1. Rafael Herrera Guillén, *La primera filosofía moderna. El Renacimiento*, Tecnos, Madrid, 2020, «III. Erasmo: el humanismo ironista», pp. 44-52.

en el que la Locura, como personaje principal, va haciendo un recorrido por toda la sociedad para explicar cómo es, y que, gracias a ella, se sostiene el mundo.

Erasmo es la gran figura intelectual de su época. En él cristaliza el gran proyecto reformador del Renacimiento: el humanismo había surgido para dotar de racionalidad un mundo demencial instaurado, dirigido y representado por la escolástica; la gran responsable tras la locura que gobernaba el mundo. La escolástica no era únicamente una escuela universitaria, sino la conformación ideológica que fundamentaba toda la base social y política de la época. El sistema de creencias aún vigente en este final de la Edad Media era ya para la nueva época del Renacimiento que representaba Erasmo un sistema de locuras que debía reformarse desde la raíz.

El programa erasmista de reforma de la Iglesia buscaba ir al origen de los errores que gobernaban el mundo. Erasmo, naturalmente, era hombre de fe cristiana. No tenía la más mínima duda de que la verdad se encontraba en Cristo. Sin embargo, consideraba que dicho mensaje había sido suplantado, tergiversado e, incluso, vendido por un sistema de ideas falso, construido para legitimar el poder ilegítimo de cierto clero y gobernantes. Según Erasmo, las virtudes cristianas que debían presidir la vida humana habían sido olvidadas por formas de vida y costumbres corruptas, fundamentadas en el egoísmo, la violencia y la mentira. El mundo estaba loco, se había vuelto del revés y, lo que es peor, la sociedad de su época parecía degustar aquella insania.

A pesar de la gravedad del asunto que se propone abordar Erasmo en su obra, su estilo desenfadado logra que la crítica severa pase como una reprimenda mordaz que, en lugar de humillar al destinatario de sus críticas, le saca los colores y, quizás, hasta una sonrisa amarga hacia sí mismo. El humanista holandés recupera y dota de una nueva vitalidad la tradición ironista de la filosofía socrática. Su perspicacia a la hora de hacer hablar a la locura le permite desplegar diferentes planos de profundidad, desde la gracia inmediata de una evidente situación irrisoria como la que provoca escuchar a la Locura celebrar lo más absurdo, hasta la profunda constatación de que los hábitos y creencias más asumidos pueden encubrir la más risible de las contradicciones.

El *Elogio de la locura* se publicó en 1511, y su influencia se hizo notar inmediatamente. De hecho, otra de las grandes obras de la época, *Utopía*, de Tomás Moro, se comprende dentro de esta nueva tradición de hacer hablar a un personaje aparentemente loco para describir alternativas a la realidad mientras se critica el *statu quo*. No se olvide, además, que según el propio Erasmo, el *Elogio* fue culminado en casa de su amigo inglés. De hecho, el título latino (*Moriae Encomium*) de la obra encubre una alusión velada a su amigo, al hacer un juego de palabras con su apellido. Así, también podría traducirse por *Elogio de Moro*. En todo caso, su largo alcance se extiende hasta la obra maestra de la literatura en español, *Don Quijote de la Mancha*, en la que se lleva al paroxismo la figura solitaria del loco como héroe fracasado de un mundo aparentemente cuerdo.

La Locura se pasea por el mundo y describe a sus hijos, que, al cabo, son todos y cada uno de los miembros de la sociedad. Todas las clases, todos los estados, todo lo que existe está presidido por ella. Por tanto, lo que revela Erasmo es que, bajo la apariencia de un mundo en orden, se esconde una realidad constituida por lo absurdo. La literatura existencial del siglo XX, como sabemos, se basará en una versión radical de esta idea. Por todo ello, es natural que se considere esta obra como una de las cimas de la literatura europea.

Elogio de la locura[1]

[41] Pero ¿qué es lo que piden estos hombres a sus santos sino cosas parecidas a la insensatez? Entre tantos exvotos que cubren las paredes y llegan hasta la bóveda, ¿habéis visto alguna vez un exvoto de acción de gracias por haber escapado a la insensatez, o por haberse hecho un pelo más sabio? Uno salió a salvo a nado. Otro sobrevivió, a pesar de haberlo atravesado una espada enemiga. Otro escapó, con más suerte que valentía, dejando en la lucha a sus compañeros. Otro huyó de la horca cuando ya estaba en alto, gracias a un santo amigo de ladrones, pudiendo así descargar de su peso a personas injustamente cargadas de riquezas. Otro rompió sus grilletes y huyó de la cárcel. Otro venció la fiebre, para indignación del médico. A los que bebieron veneno, les sirvió de purga y no de muerte, quedando frus-

1. Texto tomado de Erasmo de Rotterdam, *Elogio de la locura*, Madrid, Alianza Editorial, 2011 (trad. Pedro R. Santidrián).

trada su mujer que en el intento perdió trabajo y dinero. Otro volcó con su coche, y pudo volver a casa con los caballos ilesos. A otro se le vino la casa encima, y pudo seguir viviendo. Y otro finalmente fue cogido *in fraganti* por un marido, pero se escapó. Nadie da gracias por haberse visto libre de la insensatez.

¡Tan grato es ser sabio, que los mortales prefieren verse libres de todo antes que de la Necedad! Pero ¿a qué me meto yo en este mar de supersticiones?

> Cien lenguas tuviera yo,
> cien bocas y una voz de hierro,
> y sería incapaz de explicar todas las formas de necedad.
> ¡Imposible dar los nombres de la estulticia![2]

¡Qué espectáculo tan triste ofrece por doquier la vida de todos los cristianos dominada por esta especie de delirios! Y lo peor es que son los mismos sacerdotes los que los admiten y fomentan, pues no ignoran lo que esto afecta a su bolsillo. Así pues, si en estas circunstancias se levantara uno de esos sabios impertinentes y lanzara al viento lo que es cierto: «No te condenas si vives bien; redimirás tus pecados si a tu ofrenda le añades odio a tus malas obras, lágrimas, vigilias, súplicas, ayunos y cambias totalmente de vida; este o aquel santo será tu protector, si imitas su vida». ¿Qué pasaría si tal sabio, repito, se desgañitase con estas y parecidas razones? ¿No arrebataría de las almas de los mortales la felicidad, sumiéndolos en confusión?

---

2. Virgilio, *Eneida*, VI, 625 ss. Leve retoque de los versos de Virgilio.

De la misma cofradía son los que en vida dejan instrucciones tan precisas sobre sus honras fúnebres, que llegan a detallar el número de hachones, túnicas negras, cantores y plañideras que quieren que haya. Se diría que no quieren perderse la contemplación de este espectáculo; o que los muertos se avergüenzan de ellos mismos si su cadáver no es enterrado con pompa. Son algo así como concejales recién nombrados, muy preocupados por los deportes y los banquetes.

***

[52] Vienen a continuación los filósofos, hombres venerables por su barba y su capa, que proclaman que solo ellos saben, viendo a los demás mortales como sombras volantes. La suya es una deliciosa forma de locura, que les lanza a crear infinitos mundos y a medir el sol, la luna y las estrellas y el universo como con el dedo y con una guita. Sin dudarlo un momento se pronuncian sobre las causas del rayo, del viento, de los eclipses y demás fenómenos inexplicables, como si tuviesen acceso a los secretos de la naturaleza, arquitecto del mundo, o como si acabaran de bajar del consejo de los dioses. La naturaleza, en tanto, se ríe a carcajadas de ellos y de sus conjeturas. Lo cierto es que no saben nada con certeza, y buena prueba de ello es la interminable contienda entre ellos sobre cualquier tema. No saben nada, aunque proclamen que lo saben todo: se desconocen a sí mismos y no ven siquiera la fosa abierta a sus pies, ni la roca con que puedan tropezar, sea porque están cegatos, sea porque tienen la cabeza a pájaros. A pesar de ello, se pavonean de poder captar las ideas, los universales, las abs-

tracciones, la materia prima, la *esencia* (*quiddidad*[3]), la individualidad (*ecceidad*[4]), y cosas tan sutiles que, a mi juicio, no podría percibir el mismo Linceo.

El desprecio al vulgo llega al colmo cuando tras trazar triángulos, cuadriláteros, círculos y otras figuras matemáticas, amontonados unos sobre otros y arremolinados en una especie de laberinto, despliegan en línea todo el ejército de letras del alfabeto, volviéndolas luego a colocar en filas más cerradas, como queriendo echar polvo a los ojos de los más ignorantes. No faltan tampoco los que predicen el futuro consultando a las estrellas, prometiendo milagros, más que maravillosos. ¡Y tienen la suerte de encontrar todavía gente que les crea![5]

[53] Mejor fuera pasar por alto a los teólogos, y *no agitar esa charca, ni tocar esa hierba pestilente*. Gente tan puntillosa e irritable pudiera caer sobre mí en tromba con seiscientas conclusiones, obligándome a cantar la palinodia, y caso de negarme, me llamaría a voces hereje. Pues con este sambenito suelen aterrorizar a aquellos que no les son propicios. Ciertamente, no hay nadie que reconozca con menos agrado mis favores, aunque también ellos me estén obligados por diversos títulos nada despreciables. Sobre todo y principalmente porque su amor propio les hace vivir felices como en un tercer cielo, permitiéndoles mirar desde arriba al resto de los mortales como ovejas que se arrastran por el

3. *Quiddidad*: esencia o naturaleza de entes reales o posibles.
4. *Ecceidad*: término de la filosofía escotista que interpreta la naturaleza individual y concreta de las cosas.
5 Tema preferido en la crítica de los humanistas fue la escolástica y los escolásticos.

suelo, despreciándolos y compadeciéndose de ellos. Están tan pertrechados de definiciones escolásticas, conclusiones, corolarios, proposiciones explícitas e implícitas, conocen tan bien todos los *subterfugios*, que ni las mismas redes de Vulcano serían capaces de atraparlos. A fuerza de distingos lograrían burlarlas, cortando los nudos mejor que el hacha de dos filos de Ténedos. ¡Así de provistos están de neologismos y de términos misteriosos!

Además no se paran en barras hasta querer explicar los misterios más arcanos: cómo, por qué y para qué fue creado el mundo; por qué canales se filtró a la posteridad el pecado original; por qué medios, en qué medida y durante cuánto tiempo se formó el cuerpo de Cristo en el vientre de la Virgen; y finalmente cómo pueden subsistir los accidentes sin la sustancia en la Eucaristía. Pero esto es pan comido. Hay otros temas solo dignos de grandes teólogos, que ellos llaman «iluminados», y que cuando surgen, les ponen alborotados. Tales son: ¿Hay un instante en la generación divina? ¿Hay varias filiaciones en Cristo? ¿Es posible la proposición: Dios Padre odia al Hijo? ¿Podría Dios haber tomado la forma de mujer, de diablo, de calabaza, de guijarro? En ese caso, ¿de qué manera la calabaza podría haber predicado, hacer milagros y ser crucificada? Si Pedro hubiese consagrado mientras el cuerpo de Cristo estaba en la cruz, ¿qué habría consagrado? Durante ese mismo tiempo: ¿se podría llamar hombre a Cristo? ¿Y después de la resurrección podríamos comer o beber? ¡Tan preocupados están ya de su hambre y sed futuras!

Quedan todavía innumerables *sutilezas,* mucho más refinadas, sobre nociones, relaciones, formalidades, *quiddidades, ecceidades,* que solo los ojos de Linceo, cuya mirada percibía entre oscura tiniebla cosas que nunca existieron, podría distinguir. Añádanse a estas sus «*máximas*», tan *paradójicas*, que las sentencias morales de los estoicos, conocidas vulgarmente como *paradojas*, nos parecen burdos juegos de palabras. Valga como ejemplo la siguiente: «Es delito menor matar mil hombres que remendar una sola vez el zapato de un pobre en domingo». Y esta otra: «Es preferible dejar que se hunda el mundo con todo lo que hay en él —según la expresión vulgar— que decir una leve mentirijilla».

En estas refinadísimas sutilezas entran en juego los diversos escolásticos. Te resultará más fácil salir del laberinto que del embrollo mental de realistas, nominalistas, tomistas, albertistas, escotistas. Y no he nombrado más que los principales. En todas ellas reina tal erudición y tal complejidad de dificultades que me imagino que los mismos apóstoles necesitarían otra vez del soplo del Espíritu Santo, si tuvieran que discutir hoy sobre estos temas con la nueva generación de teólogos.

***

[54] Casi pareja a la felicidad de estos va la felicidad de los que a sí mismos se llaman comúnmente *Religiosos* y *Monjes*. Ambos nombres son evidentemente falsos, ya que buena parte de ellos viven alejados de la religión, y a nadie se encuentra más en todas partes.

[...] Nadie se atreve a despreciar a esta clase de gente, sobre todo a los mendicantes, por apartados que estén del mundo. Conocen todos los secretos de todos por medio de eso que llaman confesiones. Saben que no les es lícito divulgarlos a no ser cuando beben y quieren entretenerse con historietas amenas, pero siempre sin mencionar nombres, y dejando los hechos a la conjetura. Pero que nadie se atreva a perturbar a este enjambre de zánganos, porque la venganza será inmediata y cumplida en sus sermones. Insinúa y alude tan arteramente al enemigo, que nadie deja de conocerlo, a no ser el que no sepa de qué va. Y no dejarán de ladrar hasta que les echen un bocado a la boca.

¿Os imagináis a un comediante o charlatán de feria que pueda compararse con ellos en la retórica de sus sermones? Resulta absurdo y completamente risible verles imitar las reglas de los maestros de la retórica. ¡Cielos! ¡Cómo gesticulan! ¡Qué cambios de voz! ¡Qué tonos! ¡Qué manera de pavonearse! ¡Qué de contoneos de un lado para otro del público! Y todo envuelto en gritos. Este estilo de oratoria se transmite de un frailecillo a otro, como si se tratara de un arcano. Yo no soy una iniciada en él, pero diré algo basándome en conjeturas.

Comienzan con una invocación, norma tomada de los poetas. Después, si quieren hablar de la caridad, comienzan su exordio por el Nilo de Egipto. O si quieren recordar el misterio de la cruz se remonta con toda naturalidad a Bel[6], el dragón babilónico. Cuando quieren hablar del ayuno, comienzan por los doce signos del zodíaco. Y cuando enfocan el tema de la fe, comienzan a hablar largamente sobre la cuadratura del círculo. Yo misma pude oír en cierta ocasión a un loco egregio —miento, quería decir a un sabio— que en un sermón muy célebre, quiso explicar el misterio de la Trinidad. Desplegando las dotes excepciona-

6. Alusión al libro de Daniel, 14.

les de su saber y queriendo halagar los oídos de los teólogos, ensayó un nuevo método: comenzó con las letras del
alfabeto, las sílabas y la oración, para pasar después a tratar
de la relación del nombre con el verbo y del adjetivo con el
sustantivo. Sus oyentes estaban profundamente desorienta-
dos, hasta el punto de que algunos iban susurrándose al
oído aquel verso de Horacio[7]: ¿A qué viene tanta preten-
sión? Para terminar, finalmente, afirmando que el símbolo
de la Trinidad se halla claramente expreso en rudimentos de
la gramática de tal manera que ningún matemático podría
trazar una figura tan claramente en la arena. Ocho meses
de sudores costó el sermón a este «eminente teólogo», hasta el punto de que hoy mismo está más ciego que un topo,
sin duda porque la agudeza de la vista la acumuló en la
punta del cerebro. A nuestro hombre, sin embargo, no le
apena mucho la pérdida de la vista; sigue pensando que fue
poco precio para tan gran gloria.

Tuve también ocasión de oír a un octogenario tan teólogo, que lo hubieras tomado como la reencarnación del mis-
mísimo Escoto. Tratando de explicar el nombre de Jesús,
demostró con admirable agudeza que todo lo que se podía
decir de él se encontraba ya en las letras de su nombre. Del
hecho de que el nombre de Jesús tiene en latín solo tres casos, deducía un símbolo evidente de la Trinidad divina. El
primer caso (Jesus) termina en *s*, el segundo (Jesum), en *m*,
y el tercero (Jesu) en *u*, lo que entraña un misterio *inefable*:
que Jesús, según estas tres letras, es lo sumo, lo medio y lo
último. Haciendo un análisis matemático, estas letras es-
condían un misterio todavía más profundo. Dividió la pala-

7. Horacio, *Sátiras*, II, 7, 21.

bra jesús en dos partes iguales, dejando en el medio la *s*. Demostró después que esta letra era idéntica a la hebrea *v* que se pronuncia *syn*. *Syn* en escocés significa, según creo, *pecado*. Era evidente, pues, que Jesús era el que quitaba los pecados del mundo. Este exordio tan novedoso dejó boquiabiertos a los oyentes, especialmente a los teólogos allí presentes, que a poco quedan de piedra, como Níobe. A mí, en cambio, me dio por reír, sucediéndome un poco como a aquel Príapo de madera de higuera que tuvo la desgracia de ser testigo de los sortilegios nocturnos de Canidia y Sagana[8]. Y no sin motivo, pues ¿cuándo Demóstenes pensó en griego y Cicerón en latín un exordio como este? Estos oradores tenían por vicioso un exordio extraño al tema —cosa que los mismos porqueros observan sin otra maestra que la misma naturaleza—. Nuestros sabios piensan, sin embargo, que su preámbulo —así lo llaman— será más perfectamente retórico cuanto menos relación tenga con el tema a desarrollar, de modo que el oyente, maravillado, murmure para sí: «¿Pero adónde quiere este ir a parar?»[9].

***

[64] Pero ¿por qué me empeño en defenderme con un solo ejemplo, cuando a los teólogos se les reconoce el derecho de estirar el cielo, esto es, la Sagrada Escritura, como si fuera una piel? Vemos, en efecto, que en san Pablo, las palabras de la Escritura ofrecen algunas contradicciones, si

8. Horacio, *Sátiras*, I, 8.
9. Virgilio, *Bucólicas*, III, 19.

bien san Jerónimo, aquel «maestro de cinco lenguas»[10], no encuentra contradicción alguna en su contexto. Estando el apóstol en Atenas vio una inscripción en un altar y cambió su significado convirtiéndolo en argumento a favor de la fe cristiana. Dejó de lado las palabras que no eran del caso, conservando las últimas: «el Dios desconocido»[11]. Incluso cambió un tanto el texto, ya que la inscripción completa rezaba así: «A los Dioses de Asia, de Europa y de África, a los dioses desconocidos y extranjeros». Este ejemplo lo siguen a todas horas «los hijos de los teólogos». Cogiendo de aquí o de allí cuatro o cinco palabrejas de diferentes contextos, violentan su significado para acomodarlo a su propósito, si es preciso, aunque las que preceden y las que siguen no tengan nada que ver o resulten contradictorias con el asunto. Y lo hacen con tal impudencia que, a menudo, los mismos teólogos son objeto de envidia de los jurisconsultos.

No sé hasta dónde pueden ir ya a parar cuando ese gran maestro —casi me sale su nombre, pero una vez más me detiene el dicho griego— ha conseguido extraer un significado de ciertas palabras de san Lucas tan compatible con el espíritu de Cristo como el fuego con el agua. La hora del máximo peligro es cuando los vasallos leales cierran filas y luchan «codo a codo» con su dueño con todos los medios a su disposición. Ahora bien, Cristo trataba de que sus discípulos no confiaran en tales ayudas. Y por eso les preguntó si les había faltado algo al ser enviados desprovistos de provisiones para el viaje, sin calzado que defendiera sus

10. San Jerónimo, traductor de la edición llamada vulgata o latina de la Biblia, dominaba cinco lenguas (latina, griega, hebrea, dálmata, caldea).
11. Hechos, 17, 23.

pies de las espinas y chinas del camino, y sin zurrón contra el hambre. Al responder ellos que no les había faltado nada, prosiguió: «Pues ahora, el que tenga bolsa, que la coja, y lo mismo la alforja; y el que no tenga, que venda el manto y se compre un machete»[12]. Si la doctrina de Cristo no inculca otra cosa que la mansedumbre, la tolerancia y el desprecio de la vida, ¿quién no ve claro el sentido de este pasaje? Cristo quería desarmar todavía más a sus enviados: que no se preocuparan del calzado y del zurrón, que se desprendieran de su túnica para entregarse desnudos y liberados a la labor del evangelio. Y provistos tan solo de una espada —pero no esa espada de que se sirven ladrones y asesinos, sino la espada del espíritu que penetra hasta lo más hondo del pecho y que de un solo tajo cercena todas las pasiones, no dejando en el corazón más que la piedad—.

Os ruego que veáis vosotros mismos la distorsión que hace del texto nuestro afamado teólogo: interpreta la espada como defensa contra la persecución, y con el zurrón o alforjas se cubren todas y cada una de las necesidades de la vida.

Como si Cristo hubiera cambiado de idea, convencido de haber enviado a sus discípulos poco *regiamente* pertrechados, tratara de retractarse de su anterior mandato. O como si se hubiera olvidado de lo dicho anteriormente: que serían dichosos sufriendo ultrajes, vituperios y suplicios[13], no resistiendo a los malos tratos, pues la bienaventuranza es de los mansos, no de los violentos. Como si olvidado de que les había invitado a seguir el ejemplo de los

---

12. Lucas, 22, 35, 36.
13. Mateo, 5, 3; 10, 17, 22-23; Lucas, 12, 4.

pájaros y de los lirios[14], no quisiera ahora verlos partir sin espada. Y por eso les mandaba ahora comprarla a trueque de tener que vender la túnica, prefiriendo que fuesen desnudos a desprovistos de armas. Opina además que así como la palabra espada designa todo lo que necesita para repeler la agresión, así con la bolsa se alude a todas las necesidades de la vida.

De este modo, el intérprete del pensamiento divino hace salir a los apóstoles bien pertrechados de lanzas, ballestas, hondas y bombardas a predicar al Crucificado. Les carga también con cajas, maletas y paquetes como si tuvieran que salir de la posada con el estómago vacío. Ni siquiera detiene a nuestro hombre el hecho de que Cristo ordenara con anterioridad comprar una espada, para mandar poco después envainarla[15]. Nadie, en efecto, ha oído nunca que se dijera a los apóstoles que empuñaran la espada o el escudo contra la fuerza de los paganos, cosa que hubiesen hecho de haber tenido Cristo la intención que este le atribuye.

Por respeto a su honor no voy a nombrar a otro teólogo, por cierto, de los no menos renombrados. De las tiendas a que alude Habacuc —«agobiadas veo las tiendas de Cusán»[16]— toma pie para referirlas a la piel de san Bartolomé desollado. No ha mucho que yo misma asistí a un debate teológico, cosa que hago con frecuencia, en el que uno preguntó con qué autoridad de la Escritura se ordenaba quemar a los herejes, en lugar de convencerlos por la razón. Cierto anciano ceñudo, cuya arrogancia me hizo ver que

14. Lucas 12, 27; Mateo, 6, 28.
15. Mateo, 26, 52; Juan, 18, 11.
16. Habacuc, 3, 7.

era teólogo, respondió, no sin cierta irritación, que había sido el apóstol san Pablo cuando dijo: «Al que introduzca división, llámalo al orden hasta dos veces; luego no tengas que ver con él»[17]. Repetía una y otra vez con voz de trueno estas palabras, hasta el punto que muchos se preguntaron qué le pasaba al hombre. Terminó explicando que hay que apartar *de la vida* al hereje. Algunos rieron, pero no faltaron quienes vieran en su explicación una sólida prueba teológica. Como algunos no estuvieran de acuerdo, se levantó uno de esos que llaman *tenedios*[18], abogado y autor irrefutable. «Escuchad —dijo— lo que está escrito: "y ese profeta o vidente de sueños será ejecutado"»[19]. Todo hereje es un malhechor: luego, etc. Todos los presentes se maravillaron del ingenio de nuestro hombre y se pasaron a pie juntillas a su bando. A ninguno, sin embargo, se le ocurrió que tal ley se aplicaba solamente a brujos, tahúres y magos, a quienes los hebreos llaman *Mekaschephim* (malvados). De no ser así, habría que castigar también con la pena de muerte a fornicadores y borrachos.

17. Tito, 3, 10.
18. Hombre de Ténedos, persona sombría y severa.
19. Deuteronomio, 13, 5

Tomás Moro

3. En busca de un mundo mejor

El ser humano es un animal narrativo. Desde el principio de los tiempos ha fabulado con mundos mágicos, con lugares terribles que le inspiraban temor y con lugares maravillosos que le llenaban de esperanza. En todas las culturas y épocas ha existido una noción de cielo e infierno y, sobre ella, a menudo se han cimentado las sociedades, la moral, los valores y la legitimidad de los poderes que las gobiernan. Los hombres han fabulado con la idea de otros mundos, mejores o peores que el suyo, habitados por dioses o demonios, o por otros seres humanos a los que se les imaginaban costumbres y sistemas de orden diferentes a los propios. Esta imaginación de la alteridad ha servido siempre para nutrir la propia idiosincrasia de los pueblos, desde los mitos y leyendas antiguos hasta el cine, los videojuegos y la realidad virtual actuales.

Sin embargo, no fue sino hasta el siglo XVI cuando esta naturaleza fabuladora de mundos imaginarios cobró un estatuto completamente nuevo, cuya transcendencia será decisiva para la posteridad. Este acontecimiento tuvo lugar el año 1516, cuando un humanista y filósofo londinense, Tomás Moro (Thomas More, 1478-1535), publicó un libro cuyo larguísimo título original en latín fue *Libellus vere aureus, nec minus salutaris quam festivus, de optimo reipublicae statu, deque nova insula Vtopia*, es decir, *Librillo verdaderamente áureo, no menos beneficioso que entretenido, sobre el mejor estado de una república y sobre la nueva isla de Utopía*, que pasaría a llamarse y conocerse casi desde su publicación como *Utopía*. El título mismo parece sugerir un tipo de obra humorística, meramente ficcional, de esas que se leen para pasar un tiempo de asueto ligero. Y si bien es cierto que la obra tiene un carácter lúdico e ironista, su contenido es de una profundidad y complejidad casi únicas.

Con *Utopía* nace un nuevo género literario filosófico. Desde luego que hubo señeros antecedentes: basta recordar la *República* de Platón, cuya influencia es de las más importantes en la historia del pensamiento y de la civilización occidentales. La obra platónica consiste en un larguísimo debate acerca del mejor sistema de gobierno que atraviesa prácticamente todas las parcelas de la filosofía, desde la educación hasta la epistemología, la moral o la ontología. Sin embargo, el libro de Moro convierte la tendencia fabuladora social del ser humano en un género nuevo y moderno, el utopismo.

El libro es heredero de la tradición clásica del instruir deleitando, pero es a la vez enteramente moderno porque constituye un diálogo novelado en donde la sensación de realidad no se pierde en ningún momento. Cuando su protagonista, Rafael Hitlodeo, narra cuanto ha visto en la isla de Utopía, el lector sabe obviamente que está ante una fábula, pero el fondo narrativo, incluso la estructura objetiva de lo narrado, se perciben como reales o como plausibles y realizables o, cuando menos, deseables. Moro juega continuamente con el lector y logra que la ficción se cruce con la realidad, trazando una configuración de diferentes escenas cuyo sentido se revela nuevo en cada lectura.

Utopía es un libro de hermenéutica infinita, imposible de cerrar[1]. Erasmo tuvo mucho que ver en su gestación. De hecho, se puede decir que *Elogio de la locura* y *Utopía* son libros hermanados, en la medida en que forman parte de un mismo programa educativo, social y crítico.

El libro se divide en dos partes, escritas de modo inverso en el tiempo. La primera parte se puede calificar de «realista» hasta cierto punto. En ella Moro describe diferentes escenas y diálogos en los que se debate y critica las injusticias del sistema inglés y, por extensión, de Europa. La radicalidad del humanismo moriano se observa sobre todo en su capacidad para detectar cómo el emergente sistema económico moderno, protocapitalista, estaba desestructurando y empobreciendo a las clases más bajas, las cuales, además, se veían sometidas a un injusto tratamiento legal. Hay aquí un antecedente de la hipótesis marxiana sobre el papel determinante que tiene lo económico (estructural) en la configuración de los sistemas ideológicos, legales y de control (superestructurales).

---

1. Vid. Rafael Herrera Guillén, *La primera filosofía moderna: el Renacimiento*, cit., 2020, «5. V. Moro: Utopía», e *id.*, *Breve historia de la utopía*, Nowtilus, Madrid, 2013, cap. 3, «El hombre comienza a despertar». Para una interpretación sobre el concepto de utopía, véase mi entrada «Utopía» en el *Diccionario de paz. Conceptos, desafíos, autores y tradiciones*, coordinado por Dora Elvira García-González, México, en prensa.

En la segunda parte, el marino portugués Rafael Hitlo-deo adquiere el protagonismo con una larga narración dialogada sobre el sistema de gobierno y la forma de vida de un lugar llamado Utopía. Es esta parte la que contiene todas las fabulaciones «realistas» a las que hemos aludido. Los utopianos tienen un sistema de vida justo, en el que no existe la propiedad individual, todo se trabaja y reparte en común, y además gozan de libertad religiosa y de un sistema legal igualitario.

A lo largo de la narración, Moro desliza notas irónicas que fuerzan al lector a reflexionar sobre la veracidad y deseabilidad de aquel mundo perfecto. Por ejemplo, los nombres y neologismos que inventa pueden parecer bromas, pero realmente refieren al núcleo conceptual de la trama. El propio nombre de la isla, «Utopía», es una invención moriana a partir del griego que significa «no-lugar», «ninguna-parte». El río principal de aquella isla maravillosa se llama «Anhidro», es decir, «Sin-agua». Los propios comentarios de los personajes y los personajes mismos atraviesan de continuo la realidad y la ficción. De hecho, el propio autor, Tomás Moro, se presenta como un personaje más de la trama.

Como puede observarse por todo lo dicho, estamos ante una obra cumbre del pensamiento y de la literatura a la altura del *Elogio de la locura*. La potencia significativa de *Utopía* sigue despertando la inteligencia del lector de hoy, cuya conciencia crítica se fortalecerá con su lectura. No sabemos si un mundo mejor es posible o no, pero desde luego sí sabemos que es necesario, cuando menos, imaginarlo.

Utopía[1]

Libro primero

Diálogo del eximio Rafael Hitlodeo sobre la mejor forma de comunidad política. Por el ilustre Tomás Moro, ciudadano y sheriff de Londres, ínclita ciudad de Inglaterra.

—Hay, además, otras causas del robo. Existe otra, a mi juicio, que es peculiar de vuestro país.

—¿Cuál es? —preguntó el Cardenal.

—Las ovejas —contesté—, vuestras ovejas. Tan mansas y tan acostumbradas a alimentarse con sobriedad, son ahora, según dicen, tan voraces y asilvestradas que devoran hasta a los mismos hombres, devastando campos y asolando casas y aldeas. Vemos, en efecto, a los nobles, los ricos y hasta a los mismos abades, santos varones, en todos los lu-

---

1. Texto tomado de Tomás Moro, *Utopía*, Madrid, Alianza Editorial, 2012 (trad. Pedro R. Santidrián).

gares del reino donde se cría la lana más fina y más cara. No contentos con los beneficios y rentas anuales de sus posesiones, y no bastándoles lo que tenían para vivir con lujo y ociosidad, a cuenta del bien común —cuando no en su perjuicio—, ahora no dejan nada para cultivos. Lo cercan todo, y para ello, si es necesario derribar casas, destruyen las aldeas no dejando en pie más que las iglesias, que dedican a establo de las ovejas. No satisfechos con los espacios reservados a caza y viveros, estos piadosos varones convierten en pastizales desiertos todos los cultivos y granjas.

»Para que uno de estos garduños —inexplicable y atroz peste del pueblo— pueda cercar una serie de tierras unificadas con varios miles de yugadas, ha tenido que forzar a sus colonos a que le vendan sus tierras. Para ello, unas veces se ha adelantado a cercarlas con engaño, otras les ha cargado de injurias, y otras los ha acorralado con pleitos y vejaciones. Y así tienen que marcharse como pueden hombres, mujeres, maridos, esposas, huérfanos, viudas, padres con hijos pequeños, familias más numerosas que ricas, pues la tierra necesita muchos brazos.

»Emigran de sus lugares conocidos y acostumbrados sin encontrar dónde asentarse. Ante la necesidad de dejar sus enseres, ya de por sí de escaso valor, tienen que venderlos al más bajo precio. Y luego de agotar en su ir y venir el poco dinero que tenían, ¿qué otro camino les queda más que robar y exponerse a que les ahorquen con todo derecho o irse por esos caminos pidiendo limosna? En tal caso, pueden acabar también en la cárcel como maleantes, vagos, por más que ellos se empeñen en trabajar, si no hay nadie que quiera darles trabajo. Por otra parte, ¿cómo darles trabajo si en las faenas del campo que era lo suyo ya no hay nada que hacer? Ya no se siembra. Y para las faenas del pastoreo, con un pastor o boyero sobra para guiar los rebaños en tierras que labradas necesitaban muchos más brazos.

»Así se explica también que, en muchos lugares, los precios de los víveres hayan subido vertiginosamente. Y lo más extraño es que la lana se ha puesto tan cara, que la pobre gente de estas tierras no puede comprar ni la de la más ínfima calidad, con que solían hacer sus paños. De esta manera, mucha gente sin trabajo cae en la ociosidad.

»Por si fuera poco, después de incrementarse los pastizales, la epizootia diezmó las ovejas, como si la ira de Dios descargara sobre los rebaños su cólera por la codicia de los dueños. Habría sido más justo haberla dejado caer sobre la cabeza de estos. Pues no se ha de creer que, aunque el número de ovejas haya aumentado, no por ello baja el precio de la lana. La verdad es que, si bien no existe un "monopolio" en el sentido de que sea uno quien la vende, sí existe un "oligopolio". El negocio de la lana ha caído en manos de unos cuantos que, además, son ricos. Ahora bien, estos no tienen prisa en vender antes de lo que les convenga. Y no les conviene sino a buen precio[2].

»Por la misma razón, e incluso con más fuerza, se han encarecido las otras especies de vacuno. La destrucción de los establos y la reducción del área cultivada han traído como consecuencia que nadie se preocupe de su reproducción y

---

2. El desorden económico y social termina favoreciendo a uno, o a unos pocos. Se origina así el monopolio u oligopolio de los bienes necesarios de consumo. En Utopía se evitará todo esto con la propiedad de dominio común, exigencia para que todos puedan tener los bienes necesarios a la vida.

de su cría. Porque estos nuevos ricos no se preocupan de obtener crías de vacuno o de ovino. Las compran flacas y a bajo precio en otros sitios y las engordan en sus pastizales para venderlas después al mejor precio.

»Todavía es pronto para calibrar la repercusión que estos desórdenes pueden producir en el país. De momento, el mal se refleja en los mercados en que se vende el género. Pronto, sin embargo, al aumentar el número de cabezas de ganado sin darles tiempo a reproducirse, la disminución progresiva de la oferta en el mercado producirá una verdadera quiebra. Así, lo que debía ser la riqueza de nuestra isla se convertirá en fuente de desgracias, por la avaricia de unos pocos.

»Porque esta carestía en los bienes de consumo hace que cada uno eche de su casa a los más que pueda. ¿No significa esto enviarles a mendigar, y, si son de condición más arriesgada, a robar?

—¿Y qué me dices del lujo tan descarado con que viene envuelta esta triste miseria? Los criados de los nobles, los artesanos y hasta los mismos campesinos se entregan a un lujo ostentoso tanto en el comer como en el vestir. ¿Para qué hablar de los burdeles, casas de citas y lupanares y esos otros lupanares que son las tabernas y las cervecerías y todos esos juegos nefastos como las cartas, los dados, la pelota, los bolos o el disco? De sobra sabéis que acaban rápidamente con el dinero y dejan a sus adeptos en la miseria o camino del robo[3].

---

3. Sobre una sociedad de vagabundos, holgazanes, ladrones, usureros recae toda suerte de vicios. El juego es el compendio de todos ellos, ya que acaba con el dinero y lleva a la miseria y al robo. En Utopía todos trabajan y está prohibido el juego.

»Desterrad del país estas plagas nefastas. Ordenad que quienes destruyeron pueblos y alquerías los vuelvan a edificar o los cedan a los que quieran explotar las tierras o reconstruir las casas. Frenad esas compras que hacen los ricos creando nuevos monopolios. ¡Sean cada día menos los que viven en la ociosidad; que se vuelvan a cultivar los campos, y que vuelva a florecer la industria de la lana! Solo así volverán a ser útiles toda esa chusma que la necesidad ha convertido en ladrones o que andan como criados o pordioseros a punto de convertirse también en futuros ladrones. Si no se atajan estos males es inútil gloriarse de ejercer justicia con la represión del robo, pues resultará más engañosa que justa y provechosa.

»Porque, decidme: si dejáis que sean mal educados y corrompidos en sus costumbres desde niños, para castigarlos ya de hombres, por los delitos que ya desde su infancia se preveía tendrían lugar, ¿qué otra cosa hacéis más que engendrar ladrones para después castigarlos?

Libro segundo

Presentación de Rafael Hitlodeo de la mejor forma de comunidad política, por Tomás Moro, ciudadano y sheriff de Londres.
La isla de los utopianos[4] tiene en su parte central, que es la

---

4. Siguiendo las mejores traducciones hemos traducido siempre «utopianos» para referirnos a los habitantes e instituciones de Utopía. Raras veces «utopienses». Nunca «utópicos», como hacen la mayoría de las traducciones españolas. Sabido es que Moro emplea siempre la palabra latina «utopienses» para referirse a los de la isla. Tres veces «utopiani». Nunca el adjetivo «utópico», referido hoy solamente a pensadores, ideas, etc.

más ancha, una extensión de doscientas millas[5]. Esta anchura se mantiene casi a lo largo de toda ella, y se va estrechando poco a poco hacia sus extremos. Estos se cierran formando un arco de quinientas millas, dando a toda la isla el aspecto de luna creciente. El mar se adentra por entre los cuernos de esta, separados por unas once millas, hasta formar una inmensa bahía, rodeada por todas partes de colinas que le ponen al resguardo de los vientos. Diríase un inmenso y tranquilo lago, nunca alterado por la tempestad. Casi todo su litoral es como un solo y ancho puerto accesible a los navíos en todas las direcciones.

La entrada a la bahía es peligrosa, tanto por los bajíos como por los arrecifes. Una gran roca emerge en el centro de la bocana, que por su visibilidad no la hace peligrosa. Sobre ella se levanta una fortaleza defendida por una guarnición. Los otros arrecifes son peligrosos, pues se ocultan bajo las aguas. Solo los utopianos conocen los pasos navegables. Por eso ningún extranjero se atreve a entrar en la ensenada sin un práctico utopiano. Para los mismos habitantes de la isla, la entrada sería peligrosa, si su entrada no fuera dirigida desde la costa con señales. El simple desplazamiento de estas señales bastaría para echar a pique una flota enemiga, por numerosa que fuera.

Tampoco son raros los puertos en la costa exterior de la isla. Pero, cualquier desembarco está tan impedido por defensas, tanto naturales como artificiales, que un puñado de combatientes podría rechazar fácilmente a un numeroso ejército.

---

5. La milla romana venía a tener unos 1481 metros. Las doscientas millas de Utopía corresponderían a la anchura de Inglaterra, modelo que Moro podría tener delante para presentar Utopía.

Se dice, y así lo demuestra la configuración del terreno, que en otro tiempo aquella tierra no estaba completamente rodeada por el mar. Fue Utopo[6] quien se apoderó de la isla y le dio su nombre, pues anteriormente se llamaba Abraxa[7]. Llevó a este pueblo tan inculto y salvaje a ese grado de civilización y cultura que le pone por encima de casi todos los demás pueblos. Conseguida la victoria, hizo cortar un istmo de quince millas que unía la isla al continente. Con ello logró que el mar rodease totalmente la tierra.

Para la realización de esta obra gigantesca no solo echó mano de los habitantes de la isla —se lo habrían tomado como una humillación—, sino de todos sus soldados. La tarea, compartida entre tantos brazos, fue rematada con inusitada celeridad. Tanta que los pueblos vecinos —que en principio se habían reído de la vanidad del empeño— quedaron admirados y aterrorizados por el éxito.

La isla cuenta con cincuenta y cuatro grandes y magníficas ciudades. Todas ellas tienen la misma lengua, idénticas costumbres, instituciones y leyes. Todas están construidas sobre un mismo plano, y todas tienen un mismo aspecto,

6. Aquí, como en todos los pueblos antiguos, encontramos un héroe creado por la mitología. *Utopus* = Utopo es un héroe que no se encuentra en ninguna parte. Surge de Utopía, lugar en ningún sitio. No se canse el lector con posibles localizaciones; Moro no las permite, ni el texto tampoco.

7. Lugar cabalístico al que Erasmo invita a ir a los que no quieran vivir con los locos (*Elogio de la locura*, L. IV). A este mismo lugar invita Moro, ya que considera a Utopía continuación de Abraxas. El término Abraxas fue inventado por Basílides de Alejandría para designar los 365 cielos existentes, que provienen del Uno. Equivaldrían a los 365 días del año. Cada letra de la palabra Abraxas en griego tiene su valor numeral: a = 1; b = 2; r = 100; a = 1; x = 60; a = 1; s = 200. Total, 365 días. Moro suprime la s final y con ello rebaja su valor en 200, indicando quizás con ello su condición de ciudad no acabada y por lo mismo perfectible.

salvo las particularidades del terreno. La distancia que separa a las ciudades vecinas es de veinticuatro millas. Ninguna, sin embargo, está tan lejana que no se pueda llegar a
ella desde otra ciudad en un día de camino.

Cada año se reúnen en Amaurota[8] tres ciudadanos de
cada ciudad, ancianos y experimentados, para tratar los
problemas de la isla. Esta ciudad, asentada, por así decirlo,
en el ombligo del país, es la más accesible a los delegados
de todas las regiones. Por eso mismo se la considera como
la primera y principal.

Cada ciudad tiene asignados terrenos cultivables en una
superficie no menor a doce millas por cada uno de los lados; si la distancia entre ciudades es mayor, entonces la superficie puede aumentarse. Ninguna ciudad tiene ansias de
extender su territorio. Los habitantes se consideran más
agricultores que propietarios.

En medio de los campos hay casas muy cómodas y perfectamente equipadas de aperos de labranza. Son habita-
das por ciudadanos que vienen en turnos a residir en ellas.
Cada familia rural consta de cuarenta miembros, hombres
y mujeres, a los que hay que añadir dos siervos de la gleba.
Están presididas por un padre y una madre de familia, graves y maduros. Al frente de cada grupo de treinta familias
está un filarco[9].

8. Otro de los términos inventado por Moro. Amaurota significaría «la
ciudad oscura» (del griego *amauroton*: 'oscuro, difuminado'). Moro ten-
dría sin duda presente a Londres envuelta y perdida en la niebla. De ahí
también el significado de ciudad difuminada, borrosa, de contornos im-
precisos, creadora de espejismos.
9. *Filarco* significa literalmente 'jefe de tribu' o 'amigo del poder' (del
griego *filarjos*). Es otra de las palabras moreanas cargadas de ironía y de
intención.

Todos los años veinte agricultores de cada familia vuelven a la ciudad, después de haber residido dos años en el campo. Son reemplazados por otros veinte individuos. Estos son instruidos juntamente con los que llevan todavía un año, y que, como es lógico, tienen una mayor experiencia en las faenas del campo. A su vez, serán los instructores del próximo año. Con ello se evita que se junten en el mismo turno ignorantes y novicios, ya que la falta de experiencia perjudicaría a la producción. La renovación del personal agrícola es algo perfectamente reglamentado. Con ello se evita que alguien tenga que soportar durante mucho tiempo y de mala gana un género de vida duro y penoso. No obstante, son muchos los ciudadanos que piden pasar en el campo varios años, sin duda porque encuentran placer en las faenas del campo.

Los campesinos cultivan la tierra, crían ganado, labran la madera y la transportan a la ciudad unas veces por tierra y otras por mar. Han inventado un sistema sumamente ingenioso para producir pollos en cantidad. No dejan que las gallinas incuben los huevos. Someten a estos a una especie de calor constante que los vitaliza y empolla. Una vez roto el cascarón, los pollitos siguen al hombre y le reconocen como a su madre. Crían muy pocos caballos, y estos muy fogosos, con la única finalidad de ejercitar a la juventud en la equitación.

Toda la labor de labranza y transporte recae sobre los bueyes. Según los utopianos, el buey no tiene la fogosidad del caballo, pero le vence en paciencia y en fuerza. Está sujeto a menos enfermedades, no necesita tanta dedicación, y gasta menos. Finalmente, cuando se halla agotado por el trabajo, todavía se le puede destinar para carne.

Los cereales solo los emplean para hacer pan. Beben vino de uva, de manzana o de pera; y agua, unas veces sola, y otras hervida con miel o regaliz, que nunca les falta.

Saben de una manera exacta y precisa la cantidad de víveres necesaria para cada ciudad y su territorio. No obstante, siembran grano y crían ganado en cantidad muy superior al consumo. El excedente se reparte si es necesario entre los países vecinos.

Todos los objetos necesarios y que no se pueden encontrar en el campo, como muebles, utensilios de cocina, etc., los piden a la ciudad. Los consiguen de los funcionarios públicos, sin papeleo y sin nada a cambio. Todos los meses, en efecto, acuden a la ciudad el día de fiesta.

Cuando está próxima la cosecha, los filarcos hacen saber a los funcionarios públicos el número de ciudadanos que quieren se les envíe. Los recolectores llegan en masa el día convenido. De este modo, la cosecha se termina en un solo día de buen tiempo.

Las ciudades y en particular Amaurota

Quien conoce una ciudad las conoce todas. ¡Tan parecidas son entre sí! (en cuanto la naturaleza de su emplazamiento lo permite). Describiré una de ellas, no importa cuál, pero ¿cuál más a propósito que Amaurota? Ninguna más digna que ella. Así se lo reconocen las demás por ser sede del Senado. Es también la que mejor conozco, por haber vivido en ella cinco años seguidos.

Amaurota está situada en la suave pendiente de una colina. Su forma es casi un cuadrado. Su anchura, en efecto, comienza casi al borde de la cumbre de la colina, se extiende dos mil pasos hasta el río Anhidro[10] y se alarga a medida que sigue el curso del río.

El Anhidro nace de un pequeño manantial, ochenta millas más arriba de Amaurota. Su caudal se alimenta de otros pequeños ríos, sobre todo de dos un poco más medianos. Cuando llega a la ciudad, su anchura es de quinientos pies. Pronto vuelve a ensancharse, y, después de un curso de sesenta millas, desemboca en el mar.

El curso del río queda singularmente alterado en el espacio comprendido entre la ciudad y el mar, incluso algunas millas más arriba, merced al flujo y reflujo de las olas por espacio de seis horas. Cuando hay pleamar, las aguas cubren completamente el lecho del río Anhidro en una longitud de unas treinta millas, empujando las aguas del río hacia su nacimiento. En todo este espacio y un poco más arriba, el agua salada se mezcla con la del río. Desde este punto, sin embargo, las aguas van endulzándose progresivamente, y el caudal que atraviesa la ciudad es limpio y puro. El agua desciende limpia y cristalina hasta la desembocadura.

La ciudad está unida a la otra orilla del río por un puente de espléndidos arcos, con pilares de piedra, no de madera. Este puente, situado en la parte más alejada del mar, permite a los navíos atravesar totalmente y sin riesgo toda la zona de la ciudad bañada por el río.

Tiene, además, otro río, no más caudaloso que el Anhidro, pero muy tranquilo y agradable. Nace, en efecto, en la

---

10. El río Anhidro es un río sin agua (del griego *an-udor*: 'sin agua', 'seco') para un lugar en ninguna parte como es Utopía. Poco a poco nos va alejando Moro de una geografía localizada y material.

pendiente de la colina sobre la que está edificada la ciudad, discurre a través de ella y la corta en su mismo centro antes de mezclar sus aguas con las del Anhidro. Los amaurotanos han canalizado y fortalecido el manantial y la parte superior del río que nace cerca de la ciudad adosándolo a las murallas. De esta manera, en caso de ataque, impiden al ejército enemigo cortar, desviar o envenenar las aguas. El agua es conducida desde el río hacia la parte baja de la ciudad por diferentes canales de barro cocido. Donde este método no es viable, disponen de grandes cisternas para recoger el agua de la lluvia que surten los mismos efectos.

Una alta y ancha muralla, guarnecida de torres y de fortalezas frecuentes, hace de la ciudad una plaza fuerte. En sus tres lados hay un foso sin agua, ancho y profundo, pero impracticable a causa de la maraña de espinos. En el cuarto lado, el río mismo hace de foso.

El trazado de calles y plazas responde al tráfico y a la protección contra el viento. Los edificios son elegantes y limpios, en forma de terraza, y están situados frente a frente a lo largo de toda la calle. Las fachadas de las casas están separadas por una calzada de veinte pies de ancho. En su parte trasera hay un amplio huerto o jardín tan ancho como la misma calzada, y rodeado por la parte trasera de las demás manzanas. Cada casa tiene una puerta principal que da a la calle, y otra trasera que da al jardín. Ambas puertas son de doble hoja, que se abren con un leve empujón y se cierran automáticamente detrás de uno. Todos pueden entrar y salir en ellas. Nada se considera de propiedad privada. Las mismas casas se cambian cada diez años, después de echarlas a suertes.

Aman apasionadamente estos jardines; en ellos cultivan viñas, hortalizas, hierba y flores. Los cultivan con esmero, tanto que nunca he visto nada semejante en belleza y fertilidad. Los amaurotanos gustan de la jardinería no solo porque les entretiene, sino por los concursos de belleza organizados entre las diversas manzanas. Difícilmente, en efecto, se podría destacar un aspecto de la ciudad más pensado para el deleite y el provecho de la comunidad. Cosa que me hace pensar que la jardinería debió de ser de especial interés del fundador.

Se dice, en efecto, que fue el mismo Utopo el que trazó el plano de la ciudad desde el principio.

Dejó, sin embargo, a sus sucesores el cuidado de completar el embellecimiento y ornato de la ciudad. Pues se daba cuenta de que la vida de un hombre no es suficiente para ello.

Según sus archivos históricos, que cubren un período de 176 años desde la conquista, y que fueron escritos con escrupulosa religiosidad, las casas originales eran simples chozas o tugurios. Estaban hechas sin un plan definido y con toda clase de maderas; las paredes revocadas de barro, y los techos en forma de cono cubiertos con cañas. Hoy, en cambio, no se ven casas sino de tres pisos. Los muros exteriores están revestidos de piedra, de argamasa o ladrillos cocidos; las paredes interiores, revestidas de yeso. Los techos son planos, en forma de terraza, recubiertos de hormigón, poco costoso y no inflamable, y más resistente a las inclemencias del tiempo que el plomo. Las ventanas están provistas de vidrio —su uso es allí frecuentísimo— para impedir que entre el viento. A veces se reemplaza el vidrio por una tela muy tenue o de ámbar gris impregnada de aceite. Este procedimiento ofrece una doble ventaja: deja pasar mejor la luz e impide que el viento penetre.

Los viajes de los utopianos

Tales son los fines por los que los utopianos guardan este inmenso tesoro. Pero lo conservan, no como un tesoro, sino de una manera que me avergüenza relatar. ¿Puedo creer que daréis crédito a mi discurso? Temo que no, pues os confieso francamente que, de no haber visto yo la cosa, tampoco creería a quien me lo contare. ¿No es acaso algo natural? Cuanto más opuestas a nosotros son las costumbres extranjeras, menos dispuestos estamos a creerlas. Con todo, el hombre prudente, que juzga sin prejuicio las cosas, sabe que los utopianos piensan y hacen lo contrario de los demás pueblos. ¿Se sorprendería, acaso, de que empleen el oro y la plata para usos distintos a los nuestros? En efecto, al no servirse ellos de la moneda, no la conservan más que para una eventualidad que bien no pudiera ocurrir nunca.

Mientras tanto, retienen el oro y la plata de los que se hace el dinero. Pero nadie les da más valor que el que les da su misma naturaleza. ¿Quién no ve lo muy inferiores que son al hierro, tan necesario al hombre como el agua y el fuego? En efecto, ni el oro ni la plata tienen valor alguno, ni la privación de su uso o su propiedad constituye un verdadero inconveniente. Solo la locura humana ha sido la que ha dado valor a su rareza. La madre naturaleza ha puesto al descubierto lo que hay de mejor: el aire, el agua y la tierra misma. Pero ha escondido a gran profundidad todo lo vano e inútil[11].

11. Resulta exagerado afirmar que el oro no sirve para nada. Pero Moro es consciente de los males que el oro causa en la sociedad. Obsérvese, por otra parte, la sensibilidad del autor para intuir los bienes fundamentales de la naturaleza: el agua, el aire, la tierra, etc.

Por lo mismo, los utopianos no encierran sus tesoros en una fortaleza. El vulgo podría sospechar, como acostumbra maliciosamente, que el gobierno y el Senado se sirven de estratagemas para engañar al pueblo, y para enriquecerse. Tampoco se hacen con el oro y la plata vasos ni otros objetos de valor. En la hipótesis de tener que fundirlos, para pagar a los soldados en caso de guerra, es claro que los que hubieran puesto su afecto en estas obras de arte no se desprenderían de ellas sin gran dolor.

Para obviar estos inconvenientes, los utopianos han arbitrado una solución en consonancia con sus instituciones, pero en total desacuerdo con las nuestras. Entre nosotros, en efecto, el oro se estima desmesuradamente y se lo guarda con todo cuidado. Por eso, su solución resulta increíble para los que no la han comprobado. Comen y beben en vajilla de barro o de cristal, realizada en formas elegantes, pero, al fin y al cabo, de materia ínfima.

Los vasos de noche y otros utensilios dedicados a usos viles se hacen de oro y plata no solo para los alojamientos públicos sino para las viviendas particulares. Con estos mismos metales se forjan las cadenas y los grilletes que sujetan a los esclavos. Finalmente, todos los reos de crímenes llevan en sus orejas anillos de oro. Sus dedos van recubiertos de oro, su cuello va ceñido por un collar de oro. Y su cabeza cubierta con un casquete de oro. Todo concurre, pues, para que entre ellos el oro y la plata sean considerados algo ignominioso. Así, mientras su pérdida en otros pueblos resulta tan dolorosa como si se tratara de las propias entrañas, entre los utopianos, caso de desaparecer todos estos metales, nadie creería haber perdido ni un céntimo.

Recogen también perlas a la orilla del mar, así como diamantes y piedras preciosas en algunas rocas. Pero no se afanan por ir a buscarlas. Cuando la suerte se las depara, las cogen y las pulen para hacer adornos a los niños. Y si estos en los primeros años se glorían y se enorgullecen de llevar tales adornos, cuando son ya mayores y se dan cuenta de que estas bagatelas no sirven más que a los niños, se desprenden de ellas. Y se desprenden de tales adornos por propia voluntad y por cierto amor propio, sin esperar a que sus padres intervengan. Algo así como sucede con nuestros niños, que, cuando crecen, abandonan el chupete, los aros y las muñecas.

La diferencia de estas instituciones con respecto a las de otros países hace que sus sentimientos sean también diferentes a los nuestros. No me di cuenta de ello hasta que asistí a la recepción de una embajada de los anemolios[12]. Estos vinieron a Amaurota cuando yo me encontraba allí. Como venían a tratar asuntos importantes, cada ciudad había destacado tres delegados para recibirlos. Pero embajadores de las naciones vecinas que habían llegado con anterioridad a la isla, y que conocían las costumbres de los utopianos, sabían que entre estos los vestidos suntuosos no son objeto de honor ni reverencia. Sabían también que se despreciaba la seda y que el oro era reputado como algo infame. Sabedores de esto, habían tomado la costumbre de venir vestidos con el atuendo más sencillo posible. Los anemolianos, por el contrario, venían de más lejos y apenas si habían tenido relaciones con ellos. Enterados de que los

12. Significa un pueblo hinchado, vanidoso (del griego *anemos* = 'viento'), un pueblo sin base, fantasma.

habitantes de la isla vestían de manera uniforme y ruda, imaginaron que esta simplicidad se debía a la pobreza. Con más vanidad que prudencia, determinaron presentarse con una magnificencia digna de dioses, y herir los ojos de los miserables utopianos con el esplendor de su vestimenta.

Entraron, pues, los tres embajadores con un séquito de cien personas. Todos iban vestidos de los más diversos colores, de seda en su mayor parte. Los mismos legados —pertenecientes a la nobleza de su país— se cubrían con un manto de oro, con grandes collares y pendientes de oro. Lucían en las manos anillos de oro, y del sombrero pendían joyas y guirnaldas, que refulgían con perlas y piedras preciosas. Iban vestidos, en una palabra, con todo lo que en Utopía constituye el suplicio de un esclavo, castigo vergonzoso de la infamia, o juguete de niños.

Era un espectáculo digno de ver a los embajadores pavoneándose al comparar el lujo de su atuendo con el vestido simple de los utopianos agolpados a lo largo de las calles del tránsito. Y por otra parte, no era menos regocijante el observar la decepción que les causaba la actitud de la población, al no recibir la estima y los honores que se habían prometido.

Si exceptuamos un número insignificante de los que, por diversas razones, habían visitado otros países, todos los utopianos veían con ojos de lástima este espectáculo infamante. Saludaban con respeto a la servidumbre del cortejo, tomándola por los embajadores. A estos, sin embargo, les dejaban pasar sin darles muestras de ningún honor. ¡Tan cargados de cadenas de oro los veían como si fueran esclavos!

Los mismos niños que ya se habían desprendido de los diamantes y perlas, y que ahora las contemplaban en el sombrero de los embajadores, se dirigían asombrados a sus madres:

—¡Mira, mamá —les decían codeándolas—, a ese tunante que todavía gusta de perlas y de piedras preciosas como si fuera un niño!

Y la madre, toda seria, le respondía:

—Cállate, hijo, que me parece uno de los bufones de los embajadores.

Otros criticaban las cadenas de oro: no servían para nada. Tan finas eran que cualquier esclavo podría romperlas. Y por otra parte, tan amplias que podría sacudírselas cuando le viniera en gana, escapándose libre a donde quisiera.

Al cabo de uno o dos días de estancia, los embajadores se dieron cuenta de que cuanta mayor ostentación hacían del oro, menos eran estimados. Pudieron advertir también que el oro y la plata de las cadenas y grilletes de un esclavo fugitivo eran superiores a los de la comitiva de los tres juntos. Sintiéndose humillados, dejaron inmediatamente de pavonearse, despojándose de los atavíos que tan orgullosamente habían exhibido. Sobre todo, después de que un trato más íntimo con los utopianos les hiciera conocer mejor sus costumbres y sus ideas.

Religiones de los utopianos

Las religiones son diferentes tanto en la isla como en sus ciudades. En unos sitios adoran al Sol, en otros a la Luna, en otros a alguna de las estrellas errantes, como a un dios. Algunos grupos tienen como dios e incluso como el Dios supremo a alguno de los antepasados, señalado por su poder o por sus virtudes. Pero la mayor parte de los utopianos, y, por cierto, la más sana, no admite nada de esto. Creen en una especie de numen desconocido, eterno, inmenso e inexplicable, muy por encima de la comprensión humana y difuminado por todo lo creado, no tanto como una masa sino más bien como una fuerza. Lo llaman padre. Consideran que es el origen, fuerza, providencia y fin de todas las cosas. Solo a él le tributan honores de Dios.

El resto de los utopianos, aunque tengan creencias diferentes, conviene con estos en que piensan que entre todos los dioses hay uno que es como él, primero y supremo. Él es el creador del mundo y su providencia. En su lengua nativa todos le llaman Mitra[13], si bien luego cada uno interpreta a su manera y según los lugares este nombre y concepto. Dejando que cada uno tenga su opinión a este respecto, todos están de acuerdo en que ese ser que ellos miran como superior es el mismo que el unánime sentir de los hombres tiene como creador y rector del mundo. Me parece que los utopianos están en camino de ir dejando todas estas supersticiones para centrarse en un credo único que les parece el más racional y que supera los diferentes credos. Ya habrían dado ese paso. Pero cualquier acontecimiento adverso que les suceda mientras estén tratando de

13. Este nombre con el que se designa a Dios pertenece a la cábala. Y parece tener una relación muy estrecha con el de Abraxa. Lo mismo que este, sus letras hacen un número total de 360, número oficial de los días que el Sol tardaba aparentemente en dar la vuelta a la Tierra. Así: m = 40; i = 10; t = 9; r = 100; a = 1; s = 200. Ahora bien, tanto en uno como en otro nombre, Moro suprime la última s. Con ello quita el sentido de plenitud y apunta hacia una realidad inacabada, una religión que busca su plenitud.

mudar de religión lo interpretarían no como un suceso casual, sino como un aviso y castigo de la divinidad. Lo interpretarían como venganza del malvado propósito de cambiar de religión.

Cuando les hablamos del nombre de Cristo, de su doctrina, mandamientos y milagros, no os podéis imaginar las buenas disposiciones y talante con que acogieron esta revelación. La misma admiración tuvieron para la encomiable fortaleza de tantos mártires, cuya sangre derramada había arrastrado a lo largo y a lo ancho del mundo a tanta gente a abrazar su misma fe. Quizás haya que atribuirlo a inspiración secreta de Dios, o quizás a que la encontraron muy afín a una creencia que consideran importante entre los suyos. De todos modos, lo que a mi juicio contribuyó a crear tales disposiciones fue el relato de la vida común, tan grata a Cristo. Y el saber que este género de vida estuvo siempre en vigor en las más auténticas comunidades cristianas[14].

Cualquiera que sea la causa, lo cierto es que muchos de ellos abrazaron nuestra religión y fueron purificados por el agua del bautismo[15]. Por desgracia, de los cuatro que éramos —la muerte nos había reducido a este número—, ninguno era sacerdote. No pudieron, por tanto, recibir los sacramentos que entre nosotros solo los sacerdotes confieren, a pesar de estar iniciados en los demás misterios. Tienen,

14. El cristianismo supone para Moro la forma más perfecta de religión. Utopía, que converge hacia la unidad intelectual, moral y religiosa, entra aquí en contacto con lo sobrenatural del cristianismo: Cristo, los mártires y la «vida común» de los primeros cristianos. Merece la pena destacarse la «vida común» de los cristianos sobre la que basa Moro toda la estructura social y humana de Utopía.
15. En el original latino: «por el agua o linfa sagrada».

no obstante, un conocimiento claro de los demás sacramentos. Y desean tan fervientemente recibirlos que, en medio de nosotros, suscitaron el problema de si cualquier ciudadano elegido por ellos podría tener el carácter sacerdotal sin recibir el mandato de un obispo cristiano. Cuando yo salí, todavía no habían elegido a ninguno, pero parecían resueltos a hacerlo.

Hay más todavía. Los que no pertenecen a la religión cristiana no emplean intimidación alguna, ni hostigan a quien creen convencido de ella. Durante mi estancia en la isla, sin embargo, pude ver cómo era severamente castigado uno de los fieles de nuestro grupo. Este hombre, recientemente bautizado, hablaba públicamente de Cristo con mayor pasión que prudencia, a pesar de nuestros consejos en contra. En su apasionada prédica llegó no solo a anteponer nuestros misterios a los demás, sino a condenarlos a todos. Vociferaba contra sus misterios, calificándolos de profanos. Y a sus seguidores los tachaba de impíos, sacrílegos, dignos del fuego eterno. Después de haber sermoneado durante largo tiempo fue prendido, acusado y sentenciado como reo no de desprecio de la religión, sino de promover tumulto en el pueblo. Una vez condenado fue castigado con el exilio[16].

En efecto, las instituciones utopianas más antiguas contemplan que ninguna persona se vea perjudicada por su re-

---

16. La diversidad de religión y culto lleva consigo la libertad y la tolerancia. El fanatismo religioso es algo rechazable. Es perjudicial para la paz y para la religión misma. Moro expresa aquí su convencimiento frente a los excesos y abusos de su tiempo. El respeto a las ideas y creencias de los demás es consustancial a la convivencia, meta de una política social. No prohíbe un proselitismo «razonado, suave y humilde».

ligión. Ya desde el principio, Utopo se había dado cuenta de que antes de su llegada los indígenas estaban en perpetua guerra a causa de las religiones. Observó también que esta situación del país le había facilitado enormemente su conquista, ya que las sectas disidentes, en vez de estar unidas, combatían aislada y separadamente. Conseguida la victoria, y dueño ya de la isla, decretó que cada uno era libre de practicar la religión que le pluguiera. No proscribió, sin embargo, ese proselitismo que propaga la fe de una manera razonada, suave y humilde. Que no trata de destruir brutalmente a los demás si sus razones no convencen. Y que, en fin, no emplea ni la violencia ni la injuria. Quien se sobrepasa en estos puntos es castigado con el destierro o con la esclavitud.

Todo esto lo dispuso Utopo por imperativo de la paz. Esta quedaría totalmente destruida con discusiones continuas y los implacables odios que originan. Pero pensó además que esta medida redundaba en beneficio de la misma religión. No se atrevió a dogmatizar a la ligera sobre asuntos tan serios. No estaba seguro de que Dios no quería un culto vario y múltiple al inspirar a unos uno y a otros otro.

Pensó que era insolente y grosero exigir por la fuerza o por amenazas que lo que uno cree que es verdadero lo tengan que admitir los otros. Y ello aun a sabiendas de que una sola es la verdadera y las otras son falsas. Pensó sabiamente que, si se procede con moderación y prudencia, la fuerza de la verdad emerge y se impone por sí misma. Si, por el contrario, se acude a la guerra y a la violencia, resulta que los más atrevidos suelen ser siempre los peores. De esa manera la religión, por santa y buena que sea, quedará ahogada entre las supersticiones más burdas como el trigo entre las espinas y abrojos. Optó por una vía de moderación: dejó que cada uno creyera aquello que le pareciera mejor.

Nicolás Maquiavelo

4. La realidad del poder

El humanismo vio nacer dos géneros filosófico-literarios en principio antagónicos: el utopismo y el realismo político. Este hecho por sí mismo da cuenta de la riqueza creativa que tuvo el Renacimiento como caldo de cultivo de cuanto conformará la modernidad plena.

El realismo político surge con la publicación póstuma en 1531 de *El príncipe*, célebre obra del humanista florentino Nicolás Maquiavelo (1469-1527), que la redactó en 1513. El libro de hecho nace con la clara vocación de neutralizar el utopismo, cuya forma moderna acababa de nacer con la obra moriana, pero había tenido una larga tradición en los diferentes manuales de educación de príncipes. Frente al estilo moralista de estos libros, Maquiavelo se propone enseñar al futuro líder político la realidad de los hechos políticos, tanto del pasado como de su presente. El objetivo maquiaveliano es que la historia sirva de maestra al poderoso en lo que aquella tiene de real y no tanto de lección moral. Y, del mismo modo, el presente debe servir al gobernante para aprender de las acciones exitosas de sus contemporáneos en la obtención y mantenimiento del poder.

La novedad que instaura *El príncipe* en la historia del pensamiento es que por primera vez se escinde completamente la esfera moral de la esfera política. Maquiavelo defiende en esta obra que las ideas de lo bueno y lo malo no son patrimonio exclusivo de la ética, sino que las nociones de bondad y maldad varían en función de la esfera en que se mueva el ser humano. Y lo que está claro para el florentino es que el soberano se mueve en la esfera del poder y, en ella, lo bueno y lo malo se definen a la luz de la victoria o el fracaso obtenidos en el ejercicio del poder. La misión primaria de todo príncipe es mantener el poder a toda costa. El juicio moral sobre cómo lo logre no afecta en modo alguno a su dignidad y gloria como soberano, mientras haya asegurado el reconocimiento y la legitimidad del pueblo que lo obedece. Al cabo, los gobernados son la gran obra de arte del soberano, que sería algo así como un creador de obediencia, un artista que moldea los pueblos con su poder.

Este pequeño libro ha determinado toda la historia del pensamiento político posterior. De hecho, autores como Leo Strauss consideran que su influencia fue tal que se produjo una verdadera maquiavelización de la filosofía política. Su repercusión fue enorme desde su publicación. De hecho, su impacto fue de tal envergadura que incluso sus críticos a menudo terminaron interiorizando sus postulados como estructura básica para pensar lo político, aunque fuera para arremeter contra él. Ejemplos de ello se produ-

jeron en España en las obras de Baltasar Gracián o Saave-
dra Fajardo.

El debate sobre el sentido de esta pequeña obra es interminable, pues no parece encajar con otras del mismo autor
como *Los discursos sobre la primera década de Tito Livio*, en
donde el florentino se muestra como un republicano siempre del lado del pueblo y dubitativo hacia la confianza en
la gloria del soberano. A veces se aduce que *El príncipe* fue
un libro circunstancial, técnico, impulsado por el deseo de
Maquiavelo de que un soberano fuerte consiguiera la unidad de Italia, que por entonces estaba muy fragmentada y
era pasto de los juegos de poder europeos, fundamentalmente de franceses y españoles.

En todo caso, la lectura de este libro resulta siempre chocante por su retórica descarnada, alejada absolutamente de
la finura ironista de contemporáneos como Erasmo o
Moro. Pero resulta también chocante por la fría descripción que hace Maquiavelo de los mecanismos del poder. El
lector de hoy constata que estos apenas han variado, quizás
en su refinamiento, pero no en su fondo.

El príncipe[1]

Capítulo VIII. De los que alcanzaron el principado por medio de crueldades

Alguno podría preguntar asombrado cuál es la razón por la que Agatocles[2] y algún otro similar, después de infinitas traiciones y crueldades, pudiese vivir seguro en su patria durante tan largo tiempo y defenderse de sus enemigos exteriores, sin que ninguno de sus ciudadanos conspirase jamás contra él, mientras que muchos otros que hicieron uso de la crueldad no fueron capaces de conservar su poder ni en tiempos de paz, no digo ya en los tiempos inciertos de guerra. Creo que esto encuentra su origen en el mal o buen

1. Texto traducido por Jorge del Palacio.
2. Político que se convirtió en tirano de Siracusa entre los años 317-289 a. C. Tenemos noticias de él gracias al *Epítome de las «historias filípicas» de Pompeyo Trogo*, del historiador romano Marco Juniano Justino. Sometió toda la Sicilia griega al poder siracusano y amenazó al imperio persa.

uso de la crueldad. Pueden llamarse bien utilizadas aquellas crueldades —si es lícito hablar bien del mal— que se aplican de una vez por la necesidad de aferrarse al poder y sin que se insista más en ellas, sino que se convierten de la mayor utilidad que sea posible para los súbditos. Mal utilizadas son aquellas que, si bien pocas al principio, aumentan con el pasar del tiempo en vez de reducirse. Quienes observan el primer modo pueden, con ayuda de Dios y de los hombres, encontrar la manera de conservar su poder, como hizo Agatocles; los demás es imposible que lo mantengan.

De donde se concluye que, al apropiarse de un Estado, quien lo toma debe considerar cuantas ofensas sea necesario realizar y ejecutarlas de una vez, de modo que no sea necesario repetirlas cada día y poder, al no insistir en ellas, aquietar el ánimo de los súbditos y ganárselos con favores. Quien procede de otro modo, ya sea por debilidad o por estar mal aconsejado, deberá tener siempre el cuchillo en la mano; pues nunca podrá apoyarse en sus súbditos, quienes no pueden confiar en él debido a los recientes y continuos agravios. Porque los agravios deben hacerse todos de golpe a fin de que, saboreándose menos, ofendan menos; mientras que los favores se deben repartir poco a poco para que se saboreen mejor. Y un príncipe debe, sobre todo, conducirse con sus súbditos de tal modo que ningún accidente, ya sea bueno o malo, le haga mudar de conducta; pues, cuando la necesidad sobreviene en circunstancias adversas, no tienes tiempo para remediar el mal y el bien que haces no te aprovecha, pues se juzga hecho a la fuerza y no te procura ningún reconocimiento.

Capítulo IX. Del principado civil

El principado encuentra su causa en el pueblo o en los grandes, según sea una parte u otra la que encuentre la ocasión; pues los grandes, al ver que no son capaces de oprimir al pueblo, prestigian a uno de los suyos y lo hacen príncipe para así desfogar su apetito bajo su sombra; el pueblo, a su vez, al ver que no es capaz de resistir a los grandes, confiere autoridad a uno y lo hace príncipe para ser defendido con su autoridad.

Quien se eleva al principado con ayuda de los grandes se mantiene con más dificultad que quien lo hace con ayuda del pueblo, porque el príncipe se encuentra rodeado de muchos que se presentan como sus pares, razón por la cual no puede gobernarlos ni manejarlos a su manera. Pero quien alcanza el principado merced al favor popular campa solo y a su alrededor encuentra a pocos o a ninguno que no esté dispuesto a obedecer. Además, no es posible dar satisfacción a los grandes siendo honesto y sin agraviar a otros, pero sí al pueblo, porque el fin del pueblo es más honesto que el de los grandes, dado que estos desean oprimir y aquel no ser oprimido. Por otra parte, un príncipe nunca puede sentirse seguro si es enemigo del pueblo por ser multitud; mientras que frente a los grandes sí puede, pues son pocos. Lo peor que puede esperar a un príncipe cuando el pueblo es enemigo es ser abandonado por este, pero de los grandes no solo ha de temer ser abandonado, sino también que se vuelvan en su contra; pues, teniendo mayor capacidad de prever y más astucia, siempre se anticipan para ponerse a salvo y buscan congraciarse con el que esperan será el vencedor. El príncipe, además, está obligado a vivir siempre con el mismo pueblo, pero bien puede obrar sin los mismos grandes, pues puede elevarlos y degradarlos cada día y quitarles o darles autoridad a su antojo.

Y para aclarar mejor este punto afirmo que los grandes deben ser considerados de dos maneras, principalmente: o se gobiernan de modo que con su proceder unen su suerte por entero a la tuya, o no. Aquellos que lo hacen y no son rapaces deben ser honrados y amados. Aquellos que no lo hacen deben ser examinados de dos modos. U obran de esta manera por pusilanimidad y falta de coraje, y entonces te debes servir de ellos, máxime de los que son buenos consejeros, porque en la prosperidad te honran y en la adversidad no has de temerles. Pero cuando no unen su suerte a la tuya por artería y ambición es señal de que piensan antes en ellos mismos que en ti. Luego, el príncipe ha de guardarse de estos y temerlos como si de enemigos declarados se tratase pues en la adversidad siempre contribuirán a su ruina.

Por tanto, quien llega a ser príncipe con el favor del pueblo debe conservar su amistad, lo cual le resultará fácil, pues este no pide más que no ser oprimido. Pero aquel que se convierte en príncipe contra el pueblo y con el favor de los grandes debe, por encima de todo, ganarse al pueblo, cosa que le resultará fácil mientras lo tome bajo su protección. Y dado que los hombres, cuando reciben el bien de quien esperaban el mal, se sienten más obligados hacia su benefactor, el pueblo le profesará de inmediato mayor afecto que si hubiese sido elevado al principado con su favor. Y el príncipe se lo puede ganar de muchas maneras; pero, dado que estas varían según la circunstancia, no es posible ofrecer una regla segura, razón por la cual las dejaremos de lado. Concluiré, por tanto, que un príncipe necesita tener al pueblo como amigo, de lo contrario no encontrará remedio en la adversidad.

Capítulo XVII. De la crueldad y de la clemencia, y si es mejor ser amado que temido o viceversa

Nace de aquí una controversia: si es mejor ser amado que temido o a la inversa. Respóndese que se desearía lo uno y lo otro; pero dado que ambas resultan difíciles de armonizar, resulta mucho más seguro ser temido que amado cuando se haya de renunciar a una de las dos. Porque de los hombres, en general, se puede decir lo que sigue: que son ingratos, volubles, simuladores y disimuladores, huidizos ante los peligros, ávidos de ganancias; mientras les beneficias son todo tuyos, te ofrecen la sangre, los bienes, la vida y los hijos —como ya dije antes— cuando la necesidad está lejos; pero, cuando esta se avecina, te dan la espalda. Y aquel príncipe que lo ha fiado todo a su palabra, desnudo y sin otro fundamento, encuentra su ruina. Porque las amistades que se adquieren con un precio, y no con grandeza y nobleza de ánimo, se compran pero no se tienen, y en los tiempos difíciles no se puede contar con ellas. Además, a la hora de ofender los hombres respetan menos a quien se hace amar que a quien se hace temer; porque el amor es un vínculo de obligación que, dada la maldad de los hombres, se rompe en cuanto aprovecha, pero el temor se mantiene merced al miedo al castigo que jamás te abandona.

Sin embargo, el príncipe debe hacerse temer de tal modo que, si no logra ganarse el amor, huya del odio; porque ser temido y no ser odiado pueden casarse muy bien. Lo que conseguirá siempre que se abstenga de poner la mano sobre los bienes y las mujeres de sus ciudadanos y de sus súbditos; y cuando asimismo se vea en la obligación de derramar sangre, hacerlo con causa manifiesta y conveniente justificación. Pero sobre todo debe abstenerse de tocar los bienes ajenos, porque los hombres olvidan antes la muerte del padre que la pérdida del patrimonio. Además, nunca faltan las excusas para hacerse con bienes y aquel que comienza a vivir de la rapiña siempre encuentra razones para quedarse con lo ajeno; por el contrario, los motivos para derramar sangre son más raros y desaparecen antes.

Capítulo XVIII. De qué modo han de guardar los príncipes la palabra dada

Toda persona sabe cuán loable es en un príncipe mantener la palabra dada y vivir con integridad y no con astucia. No obstante, la experiencia muestra que aquellos príncipes que han hecho grandes cosas en nuestros días han tenido poca consideración por la palabra dada y han sabido burlar con astucia la inteligencia de los hombres: y al final han superado a quienes se han apoyado en la sinceridad.

Debéis saber, por tanto, que hay dos maneras de combatir: una, con las leyes; la otra, con la fuerza. La primera es propia del hombre; la segunda, de las bestias. Pero dado que muchas veces la primera no es suficiente, conviene recurrir a la segunda; por tanto, es necesario que un príncipe sepa hacer buen uso de la bestia y del hombre. Este punto fue ilustrado a los príncipes de manera velada por los autores antiguos, quienes escribieron cómo Aquiles y muchos otros de aquellos príncipes del pasado fueron dados para su crianza al centauro Quirón, de modo que los educase bajo su disciplina. Lo que no quiere decir otra cosa, el tener por preceptor a un ser que es mitad bestia y mitad hombre, que el príncipe necesita saber hacer uso de ambas naturalezas: y que la una sin la otra no está llamada a durar.

Por tanto, dado que un príncipe necesita saber hacer buen uso de la bestia, debe elegir entre ellas la zorra y el león, porque el león no se defiende de las trampas, ni la zorra de los lobos. Necesita, por tanto, ser zorra para conocer las trampas y león para ahuyentar a los lobos: y aquellos que se apoyan solo en el león, no han comprendido nada. Por tanto, un señor prudente no puede, ni debe, guardar la palabra dada cuando hacerlo se vuelva en su contra y cuando han desaparecido las razones que le llevaron a obligarse. Y si todos los hombres fuesen buenos, este precepto no lo sería. Pero dado que son malvados y no observarían la palabra que te han dado, tú tampoco has de guardarla; ni jamás a un príncipe le han faltado razones legítimas para colorear su inobservancia. De esto podrían darse infinidad de ejemplos modernos y mostrar cuántas paces, cuántas promesas han quedado sin valor y sin efecto por la infidelidad de los príncipes: y quien ha sabido hacer mejor uso de la zorra ha salido mejor parado. Pero hay que saber colorear bien esta naturaleza y ser un gran simulador y disimulador: pues los hombres son tan simples, y obedecen tanto a las necesidades del presente, que quien engaña siempre encontrará quien se deje engañar.

No quiero guardar silencio sobre uno de los ejemplos más recientes. Alejandro VI nunca hizo otra cosa, ni pensó jamás en otra cosa, que en engañar a los hombres, y siempre encontró materia para poder hacerlo. Y nunca hubo un hombre que aseverase con mayor eficacia, ni que con más solemnes juramentos afirmase, una cosa que luego observase menos. Aun así, los engaños siempre le salieron a medida de sus deseos porque conocía bien esta realidad del mundo.

Por tanto, no es necesario que un príncipe tenga de hecho todas las cualidades anteriormente citadas, pero es muy necesario que parezca tenerlas. Más aún, me atreveré a decir que si las tiene y las observa siempre resultan perjudiciales, y pareciendo tenerlas resultan útiles: como lo es parecer piadoso, fiel, humano, íntegro, religioso y serlo, más tener la predisposición de ánimo para que, si es necesario no serlo, puedas y sepas mudar en lo contrario. Y se ha de tener en cuenta lo siguiente, que un príncipe, máxime un príncipe nuevo, no puede observar todas aquellas cosas por las que se considera buenos a los hombres, pues a menudo necesita, para conservar el poder, obrar contra la fe, contra la caridad, contra la humanidad, contra la religión. Por eso es necesario que tenga el ánimo dispuesto a cambiar según se lo ordenen los vientos de la fortuna y la variación de las cosas. Y, como dije arriba, no apartarse del bien, mientras pueda, pero saber entrar en el mal, si es necesario.

Un príncipe, por tanto, debe tener gran cuidado en que jamás salga de su boca nada que no satisfaga las citadas cinco cualidades; y que parezca, al oírlo y verlo, todo piedad, todo fe, todo integridad, todo humanidad, todo religión: y no hay cosa más necesaria de aparentar tener que esta última cualidad. Porque los hombres, en general, juzgan antes con los ojos que con las manos; pues a cualquiera le es concedido ver, pero a pocos tocar: cualquiera ve lo que pareces, pero pocos tocan lo que eres, y esos pocos no se atreven a oponerse a la opinión de los muchos, que cuentan con la majestad del poder para su defensa. Y en las acciones de todos los hombres, máxime de los príncipes, cuando no hay tribunal al que apelar, se mira al resultado.

Procure, por tanto, un príncipe vencer y conservar el poder: y los medios utilizados siempre serán juzgados honorables y alabados por toda persona. Porque el vulgo se gana con las apariencias y por el resultado de las cosas: y en el mundo no hay más que vulgo, y los pocos no tienen sitio cuando la mayoría tiene donde apoyarse. Algún príncipe de nuestros días,[3] al cual es mejor no nombrar, no predica otra cosa que paz y fe, cuando es inimicísimo de la una y de la otra; y de haberlas observado, tanto la una como la otra, le habrían costado la reputación y el poder en más de una ocasión.

Capítulo XXV. Cuál es el poder de la fortuna en los asuntos humanos y de qué forma se le ha de hacer frente

No obstante, ciñéndome más a los casos particulares, digo que hoy se ve a este príncipe prosperar y mañana caer sin que hayamos visto cambio alguno en su naturaleza o en alguna de sus cualidades. Creo que esto tiene su origen, en primer lugar, en las razones que ya han sido ampliamente

3. Se refiere a Fernando el Católico, Fernando II de Aragón.

discutidas: a saber, que el príncipe que lo fía todo a la fortuna encuentra su ruina tan pronto como esta cambia. También creo que es afortunado el que armoniza su proceder con la condición de los tiempos y que, del mismo modo, es desafortunado quien no acomoda su proceder a los tiempos. Porque vemos que los hombres, en lo que toca a las cosas que conducen al fin que cada uno se ha propuesto, a saber, gloria y riquezas, proceden de manera distinta: uno con cautela, otro con ímpetu; uno con violencia, otro con astucia; uno con paciencia, otro con su contrario; y cada uno, con estos distintos modos, puede lograrlo. Véase incluso que de dos hombres prudentes, uno alcanza su propósito y el otro no; y, del mismo modo, vemos a otros dos que prosperan igualmente con distintos modos de proceder, siendo uno prudente y el otro impetuoso: y esto no tiene otra causa que la cualidad de los tiempos, que se adaptan o no a su manera de proceder. De aquí se sigue, como ya he dicho, que dos hombres produzcan el mismo resultado obrando de manera distinta, al tiempo que de otros dos, que obran de igual modo, uno conduzca las cosas a su fin y el otro no. De esto depende incluso la naturaleza cambiante del bien; porque si uno procede con prudencia y paciencia, y los tiempos y las cosas corren de tal modo que su gobierno resulta ser bueno, prosperará; pero si los tiempos y las cosas cambian encontrará su ruina, porque no varía en su modo de proceder. No se encuentra hombre, por prudente que sea, que sepa adaptarse a esto: ya sea porque no puede separarse de aquello a cuya naturaleza lo inclina, ya sea también porque, habiendo prosperado siguiendo un solo camino, no es posible persuadirle de la conveniencia de abandonarlo. Y por eso el hombre prudente, cuando toca convertirse en impetuoso, no lo sabe hacer y encuentra su ruina; porque, si su naturaleza cambiase con los tiempos y las cosas, no cambiaría la fortuna.

Lorenzo Valla

5. El lenguaje de la verdad y la libertad humana

En la *Carta sobre el humanismo*, Heidegger refiere que el concepto humanista de hombre ocultaba, en el fondo, una descripción nada neutra que se basaba en la distinción entre latino y bárbaro, de modo que lo humano se identificaba con lo romano y lo inhumano con lo bárbaro en cuanto no-latino. No es este el lugar de profundizar sobre la plausibilidad de esta afirmación, pero lo que sí parece evidente en ciertos humanistas italianos es la distinción entre romano/civilizado y no romano/bárbaro. Esta perspectiva italocentrista produjo reacciones muy críticas desde el siglo XV, como demuestra la disputa entre Alonso de Cartagena y Leonardo Bruni[1]. El castellano defendía la pluralidad cul-

---

1. Vid. Rafael Herrera Guillén, «The Lost Modernity: 1436-1439 (Alfonso de Cartagena and Leonardo Bruni)», en *Transmodernity: Journal of Peripheral Cultural Production of the Luso-Hispanic World* (2016) 6(2) 100-130. https://escholarship.org/uc/item/61t2c10j

tural y lingüística del humanismo, mientras que el italiano se aferraba a sus posiciones latinocentristas.

Lorenzo Valla (1407-1457), que era romano, contribuyó a la consagración del latín como lengua superior de civilización hasta el punto de ser considerado como uno de los grandes artífices del giro filológico que se produjo en el Renacimiento. Al descubrimiento de la centralidad del ser humano de Pico della Mirandola se unió la defensa de la depuración de la herramienta propia de comunicación, el lenguaje, porque este es además el medio propio en que se expresa el poder.

La constatación de la íntima relación entre poder y lenguaje es lo que impulsó a Valla a denunciar que la escolástica y la Iglesia habían llevado a cabo una gran manipulación del lenguaje latino a lo largo de los siglos con el objetivo de imponer su dominio sobre el mundo. A tal efecto escribió la *Refutación de la Donación de Constantino*. La Iglesia esgrimía su derecho a la posesión de los territorios imperiales de Italia frente al poder real invocando un presunto documento en el que el emperador Constantino se los donaba. Alfonso V de Aragón «el Magnánimo», quien tenía intereses en Italia y protegía a Lorenzo Valla, le encargó que examinara el documento en cuestión. El resultado fue una obra decisiva: la *Refutación*, texto en el que la filología demuestra todo su valor como instrumento de poder y de construcción de verdad.

Lorenzo Valla considera que el valor de la lengua es superior en términos de influencia al poder efectivo, sobre el terreno, de los imperios. Así, defiende que allí donde se produce una profunda influencia cultural se puede decir que también se gobierna, pues a través del lenguaje se modulan los sistemas vitales y organizativos de los pueblos. Una lengua es siempre una forma de mirar el mundo y, aunque el Imperio romano desapareció, pervive en su lengua originaria y en las vernáculas, pues todas portan la perspectiva romana.

El giro filológico del Renacimiento se puede considerar como una especie de antecedente del giro lingüístico del siglo XX. Esta fuerte conciencia acerca del poder determinante que tiene la lengua más allá de la comunicación surge con los humanistas. Valla demuestra que la manipulación del lenguaje por parte del poder sirve para la configuración de un dominio ilegítimo. Asimismo, en *Las elegancias de la lengua latina* no se limita a cantar retóricamente el valor del latín, sino que establece un axioma de la política contemporánea según el cual no hay imperio posible sin el establecimiento de un lenguaje de la dominación. En este punto, el giro filológico se encuentra en consonancia con el giro realista de la política maquiaveliana. La filología es un instrumento tanto de la verdad como del poder. El humanista es aquel que conoce los dos usos y adquiere por ello el deber de enseñarlo a sus lectores.

Finalmente, la obra de Valla también señala otro elemento que será fundamental en la historia posterior, a saber, los límites del lenguaje para resolver determinadas cuestiones. No hay ninguna manera de que la filosofía pueda resolver definitivamente la cuestión del libre albedrío. Es una cuestión de fe que podrían resolver los teólogos, pero desde luego nunca la filosofía —cuyo campo es el de la estricta racionalidad—, ni tampoco la filología —cuyo campo es el del cultivo de la lengua—.

En cualquier caso, de lo que no le cabe duda a Valla es de que el ser humano tiene derecho a una vida feliz, fundada en el placer intelectual y material.

«Las elegancias de la lengua latina»[1]

Prólogo elegantísimo y doctísimo de Lorenzo Valla, patricio romano, benemérito de la lengua latina, a los seis libros sobre las Elegancias

Muchas veces me he puesto a considerar las hazañas de nuestros mayores, así como las de otros reyes y pueblos. Y me parece que los de nuestra nación y los de nuestra lengua superaron a todos los demás. Pues sabemos que los persas, los medos, los asirios y los griegos y otros muchos alcanzaron grandes cosas. Consta asimismo que otros pueblos lograron un imperio menor que el de los romanos, pero que lo conservaron durante mucho más tiempo. No sabemos, sin embargo, que ninguno de ellos extendiese su lengua como lo hicieron los nuestros.

1. Traducción de Pedro R. Santidrián.

Estos, en efecto, hicieron, en breve espacio de tiempo, célebre —y en cierto modo, reina— a la lengua de Roma, llamada también latina por el Lacio, donde se encuentra Roma. Y la extendieron por casi todo Occidente, por no pequeña parte del Septentrión y de África —sin hablar de aquella orilla de Italia, llamada en otro tiempo la Magna Grecia, ni de Sicilia, que también fue griega, ni, en fin, de toda Italia—. Y por lo que se refiere a las 17 Provincias, dieron a los mortales la mejor cosecha de donde pudieron sacar la simiente. De esta manera propagaron una obra mucho más preclara, mucho más hermosa que el mismo Imperio.

A los que engrandecen el Imperio se les suele colmar de grandes honores y se les da el nombre de Emperadores. Pero los que proporcionaron algún beneficio a los hombres son celebrados no con alabanzas humanas, sino divinas, pues no miran solo por la extensión y la gloria de su ciudad, sino también por la utilidad y salud de los hombres. Así pues, nuestros antepasados aventajaron a los demás mortales en hazañas y en alabanzas. Pero en la difusión de su lengua se superaron a sí mismos, como si, dejado el imperio en la tierra, hubieran alcanzado la compañía de los dioses.

Pues bien, si, según se cree, Ceres por haber inventado los cereales, Baco el vino, Minerva el aceite, y muchos otros por algún otro beneficio, fueron tenidos como dioses, ¿el haber difundido la lengua latina en todas las naciones no será una cosecha ciertamente divina, y alimento no digo ya del cuerpo, sino del alma? Porque esta lengua educó a todas aquellas naciones y a aquellos pueblos en las artes llamadas liberales; les enseñó las mejores leyes; les mostró el camino de toda sabiduría. Esta lengua, finalmente, hizo que ya no se les pudiera llamar bárbaros.

Decidme, por tanto, ¿quién que tenga un juicio sereno no preferirá aquellos que cultivaron las letras a los que en guerras crueles fueron varones esclarecidos? A estos los llamaríamos hombres regios, pero a aquellos los calificaríamos de divinos. Pues, en efecto, como corresponde a hombres, no solo engrandecieron la república y la majestad del pueblo romano, sino que, como es propio de dioses, llevaron la salvación al orbe de la tierra. Y tanto más que los que recibían nuestro imperio perdían el suyo y —lo que es más doloroso— creían que eran despojados de la libertad, y se veían cubiertos de injurias. Por la lengua latina, al contrario, no creían que se aminoraba su imperio, sino que en alguna manera se afirmaba.

Así como la invención posterior del vino no suprimió el uso del agua; ni la seda desplazó a la lana y al lino; ni el oro a los demás metales, sino que hizo posible el acceso a toda clase de bienes; y así como una gema engarzada en un anillo de oro no desluce sino que da realce al precioso metal, de la misma manera nuestra lengua, al juntarse con la lengua vernácula de otros pueblos, les dio esplendor y no se lo quitó; ni consiguió el señorío con armas, con sangre o guerras, sino con beneficios, con amor y con concordia. De todo lo cual —si se me permite interpretarlo— fue, por así decirlo, semillero.

Y en primer lugar, porque nuestros mayores sobresalieron increíblemente en toda clase de estudios. De tal manera descollaron que nadie se consideraba alguien en el arte de la guerra si no sobresalía también en las letras: lo que era para los demás un incentivo no pequeño de emulación.

En segundo lugar, proponían grandes premios a los mismos profesores de las letras. Y finalmente, porque exhortaban a todos los de las provincias a que hablaran romano, tanto estando en Roma como en Provincias. Pero me parece que ya he dicho bastante —pues no quiero alargarme— de la comparación del Imperio romano y de la lengua latina.

Al Imperio lo rechazaron las razas y las naciones como carga dolorosa. Pero a la lengua la tuvieron por más dulce que el néctar, más brillante que la seda, más preciosa que el oro y las piedras, y la conservaron consigo como a un dios bajado del cielo. Grande es, pues, el secreto de la lengua latina, grande ciertamente su genio, ya que durante tantos siglos se sigue cultivando por los extranjeros, por los bárbaros, por los mismos enemigos, de una forma tan santa y religiosa. Lo cual no ha de ser para nosotros, romanos, tanto motivo de dolor como de alegría y de gloria para todo el mundo. Perdimos Roma, perdimos el Imperio, el dominio, pero no fue por culpa nuestra, sino de los tiempos. Sin embargo, por este más espléndido demonio de la lengua seguimos reinando en una gran parte del orbe.

Nuestra es Italia. Nuestra, Francia, España, Alemania, Panonia, Dalmacia, Iliria y muchas otras naciones. El Imperio romano se encuentra allí donde domina la lengua romana. Que vayan, pues, los griegos y se jacten de la abundancia de sus lenguas. Nuestra única y pobre lengua —como ellos quieren— hizo más que sus cinco, a su juicio, riquísimas lenguas. Y la lengua romana es como la única ley de muchas naciones. En cambio, la lengua griega —para su vergüenza— tiene tantos dialectos cuantos son los partidos de una república.

Y en esto convienen con nosotros los extranjeros. Los griegos no se entienden entre ellos mismos; que no esperen, pues, que van a atraer a su lengua a los demás. Sus autores hablan diversos dialectos: ático, eólico, jónico, dórico, koinós o lengua común. En cambio, entre nosotros, esto es, entre muchas naciones, nadie habla más que romano, lengua en la que se contienen todas las disciplinas para el hombre libre, lo mismo que las hay en la lengua múltiple vigente entre los griegos. Y si ella está vigente, ¿quién ignora que todos los estudios y disciplinas están vigentes? ¿Y quién no ve que, si se muere, desaparecen?

¿Quiénes, pues, fueron los más grandes filósofos, los mejores oradores, los más brillantes jurisconsultos, y finalmente los más lúcidos escritores? Sin duda, los que se han dedicado al arte de bien hablar. Pero cuando intento decir todas estas cosas, el dolor no me deja, me hiere el corazón y me hace romper en lágrimas al ver en qué estado y situación ha quedado este arte. Pues ¿qué amante de las artes y del bien común podrá contener las lágrimas al verla en el mismo estado que en otro tiempo estuvo Roma cuando fue tomada por los galos? Todo echado por tierra, en llamas, destruido, de modo que apenas si quedó en pie la ciudadela capitolina. Pues hace ya muchos siglos que no solo nadie ha hablado en latín, ni siquiera entiende las leyes latinas. Ni los estudiosos de la filosofía comprendieron o comprenden a los filósofos, ni los abogados a los oradores, los que entienden de leyes a los jurisconsultos, ni el resto de los lectores los libros antiguos. Como si una vez perdido el Imperio romano ya no sea digno hablar ni saber nada de lo romano. Aquel fulgor de la latinidad parece estar pasado de moda por la herrumbre y la distancia.

Y son muchas y muy variadas las opiniones de hombres sensatos que tratan de explicar las causas de este fenómeno. Razones que no apruebo ni repruebo, pues ciertamente no me atrevo a pronunciarme. Tampoco me atrevo a explicar por qué esas artes que están cercanas a las liberales, como son la pintura, la escultura, el modelado, la arquitectura, y otras muchas, se fueron degenerando durante tanto tiempo hasta llegar a morir con las mismas letras. Ni puedo explicar por qué empiezan ahora a fomentarse y a revivir, y florece el progreso tanto de los buenos artesanos como de los literatos.

Pero así como los tiempos pasados fueron tanto más desdichados por no haber encontrado en ellos ningún hombre erudito, de la misma manera debemos alegrarnos más en nuestro tiempo. Yo confío en que si nos esforzamos un poco más, la lengua romana se consolidará más que la misma ciudad, y con ella todas las disciplinas.

Por todo lo cual, yo, arrastrado únicamente por el amor patrio, por todos los hombres y por la misma gravedad del problema, me permito exhortar y llamar a todos los cultivadores del espíritu, gritándoles, como desde la cima de un monte y haciendo resonar el clarín de guerra. ¿Hasta cuándo, quirites [caballeros] (así llamo a los literatos y a los cultivadores de la lengua de Roma, a los solos y únicos caballeros, pues los demás son inquilinos), hasta cuándo consentiréis que vuestra ciudad, no digo ya el domicilio del Imperio, sino la madre de las letras, esté dominada por los galos? ¿Consentiréis que la latinidad siga oprimida por la barbarie? ¿Hasta cuándo veréis todas las cosas profanadas con ojos duros e inmisericordes? ¿Hasta que apenas queden señales de los fundamentos?

Algunos de vosotros escriben historias, y vale tanto como habitar entre los veios[2]. Otros traducen la literatura griega y es como posarse en Ardea[3]. Otros componen discursos y hacen poemas y significan defender el Capitolio y la ciudadela. Ciertamente que todo esto es algo hermoso y digno de no pequeñas alabanzas. Pero esto no expulsa a los enemigos, no libera a la patria. Debemos imitar a Camilo[4], ese Camilo que traiga y restituya a la patria las banderas perdidas, como dice Virgilio (*Eneida*, 6). Cuyo valor fue tan extraordinario para los demás que los que estaban en el Capitolio, o en Ardea o entre los veios, no podían salvarse sin él.

Esto mismo sucederá ahora en nuestro tiempo. Los demás escritores que compusieron algo sobre la lengua latina serán ayudados por él. Por lo que a mí respecta, a este imitaré. Este ejemplo tengo delante. Reuniré un ejército —en cuanto me lo permitan mis fuerzas— e inmediatamente lo llevaré a luchar contra los enemigos. Iré al campo de batalla. Iré el primero para animaros a vosotros. Combatamos, os lo suplico, en esta batalla honestísima y bellísima, no solo para rescatar a la patria de sus enemigos, sino también para que aparezca que al recibirla se imita lo más fielmente posible a Camilo.

Muy difícil, ciertamente, es realizar la hazaña de aquel que, a mi juicio, es el mayor de todos los emperadores y

2. Habitantes de la ciudad etrusca de Veyes. Fueron incorporados a Roma una vez dominados por los ejércitos romanos.
3. Ciudad del Lacio, cerca del mar Tirreno, incorporada más tarde a Roma.
4. General romano del siglo IV a. C., llamado segundo fundador de Roma por haber derrotado a los galos, impidiendo así que los ciudadanos abandonaran la ciudad.

con toda razón llamado el segundo fundador de la ciudad después de Rómulo. Hagamos, por tanto, muchos como somos en esta materia, lo que él solo hizo. Con toda justicia y verdad se deberá llamar y juzgar como Camilo a todo aquel que verdaderamente se entrega a esta tarea.

De mí solo puedo afirmar que no me daré por satisfecho en tan gran empresa, echándome encima un peso tan grande y tan dura tarea, hasta que vea a otros dispuestos a proseguir lo que resta por hacer. Pues estos libros no contendrán casi nada que ya no se haya enseñado por otros autores (por lo menos aquellos que todavía viven). Empecemos, pues, por el principio.

«Sobre el libre albedrío»[1]

Vengamos ya al tema. Antonio[2] vino a verme a mediodía y al no encontrarme ocupado, sino sentado en el patio con los criados, después de una breve divagación sobre el tema y acomodado a la circunstancia, prosiguió de esta manera:

ANTONIO. Difícil y arduo en extremo me parece el problema del libre albedrío, del que pende todo el tratamiento de los asuntos humanos, todo derecho e injuria, todo pre-

1. Traducción de Pedro R. Santidrián.
2. El diálogo *Sobre el libre albedrío, o sobre la libertad* se abre con una crítica contra los que quieren suplantar la teología con la filosofía. Valla se duele de que la filosofía se imponga a los mismos teólogos. Tal sucede, por ejemplo, en el caso de Boecio, «demasiado amigo de la filosofía», a quien en el diálogo se dispone a contestar. Valla adelanta la tesis de que el problema de la predestinación no se soluciona con la razón (filosofía), sino con la fe. Por eso Boecio fracasó en el intento. El diálogo se entabla entre Antonio Glarea —amigo de Lorenzo y hombre muy culto— y el mismo Lorenzo Valla. Discurre en la casa de este último.

mio y castigo. Y no solo en esta vida, sino también en la otra. Problema del que no es fácil decir si hay otro más necesario de resolver o del que menos se conozca. Con frecuencia me encuentro a mí mismo enfrentado con él, ya a solas conmigo mismo, ya con otros, sin que hasta el momento haya encontrado una solución a su ambigüedad. A menudo me encuentro turbado y confuso por este problema. No por ello, sin embargo, me cansaré de investigar, ni desesperaré de poderlo comprender a pesar de los muchos que han delinquido en el empeño.

Me gustaría, pues, saber cuál es tu opinión sobre este problema. No solo sobre la posibilidad de encontrar la solución que busco, mediante la investigación y el estudio, sino también porque sé que eres de juicio penetrante y certero.

LORENZO. Es, como bien dices, difícil e intrincada en extremo esta cuestión. Y quizá nadie la entienda. Pero ello no ha de ser causa de turbación y desasosiego para ti, aun cuando nunca llegues a entenderla. ¿Es que puede haber una indignación justa si es que no consigues lo que nadie ha conseguido? Porque muchos tengan lo que no tenemos nosotros, no por ello nos vamos a enfadar y entristecer. Será más bien cuestión de llevarlo con ánimo tranquilo y ecuánime. Uno es noble, otro magistrado. Este es rico, aquel tiene talento. Un tercero tiene varias de estas cosas, y el de más allá las tiene todas. Nadie que juzgue equilibradamente las cosas y sea consciente de sus posibilidades se ha de doler por ello de no tenerlas todas. Mucho menos de carecer de las plumas de las aves, que nadie tiene. Si nos molestáramos y entristeciéramos por todo lo que ignoramos, nos haríamos la vida dura y amarga.

¿Quieres que enumere las cosas que ignoramos, no solo divinas y sobrenaturales —como es el tema que nos ocupa—, sino también humanas y que pueden ser objeto de nuestro conocimiento? Lo diré brevemente: son muchas más las que se ignoran. De aquí que los Académicos[3] —ciertamente sin razón— afirmaran que nada hay que conozcamos totalmente.

ANTONIO. Confieso que es verdad lo que dices. Pero no comprendo mi impaciencia y curiosidad, hasta el punto de no poder dominar mis impulsos. No es que —como dijiste— me haya de lamentar de no tener plumas, que nadie tiene. Pero ¿por qué renunciar a tener alas si, a ejemplo de Dédalo, pudiese ténerlas? Ahora bien, ¿no deseo alas mucho más importantes? Con ellas volaré no desde las paredes de las cárceles, sino desde la cárcel de los errores hacia la patria. Con ellas volaría y llegaría no a la patria que engendra los cuerpos —como hizo él—, sino a aquella donde nacen las almas. Dejemos, pues, a los Académicos en su persuasión, quienes al dudar de todo no dejaban lugar a duda de que dudaban. Y afirmando que nada sabían, sin embargo, no daban tregua a su investigación. Nosotros sabemos que los que han venido después han añadido muchas cosas a las ya sabidas o encontradas, cuyo ejemplo y modelo nos ha de animar a encontrar otras nuevas. Te ruego, pues, que no quites de mí esta molestia y preocupación. Pues una vez quitada la molestia, me arrancarás al mismo tiempo la voluntad de investigar. A no ser que tú —así lo espero y te lo pido— quieras satisfacer mi ansia.

3. Se refiere, sin duda, a los escépticos, cuyo fundador fue Pirrón de Elis, y que negaban la posibilidad de la mente humana para conocer (siglo III a. C.).

LORENZO. ¿Es que voy a satisfacer yo lo que ningún otro pudo hacer? ¿Qué diré de los libros? Si estás de acuerdo con ellos se acabó con la indagación, si no lo estás, nada mejor puedo decir. Aunque tú mismo podrás comprobar lo santo y lo tolerable que es declarar la guerra a todos los libros —incluso a los más fiables— y no hacerla con ninguno.

ANTONIO. Sé muy bien que parecería intolerable y casi sacrílego no estar de acuerdo con los libros consagrados por el uso. Pero tampoco se te oculta que no están ellos acordes entre sí, defendiendo sentencias o tesis diferentes. Y son muy pocos aquellos cuya autoridad sea tanta que merezcan ponerse en tela de juicio. En las demás cosas o materias no rechazo a los escritores, sabiendo que, ora uno, ora otro, contienen la doctrina más probable. Pero en este tema que comienzo a tratar contigo —dicho sea con tu permiso y el de otros— no me identifico con ninguno de ellos. ¿Qué quieres que diga de los demás? Si al mismo Boecio, a quien todos dan la palma al hablar y explicar esta cuestión, no pudo llevarla a término. ¿No se refugia a veces en temas fantásticos y como de oídas? Pues afirma que Dios, por su inteligencia —superior a toda razón— y por su eternidad, conoce todas las cosas y todas las tiene presentes. ¿Pero puedo yo aspirar al conocimiento de la inteligencia y de la eternidad, hombre racional como soy y que no conoce nada fuera del tiempo? Pienso que ni el mismo Boecio entendió esto —de ser cierto lo que él dijo—, cosa que no creo. No se ha de pensar que dice la verdad aquel que ni él ni otro entiende su proposición. Así pues, si es cierto que planteó bien esta disputa, no la llevó a término felizmente.

Por tanto, si eres de mi parecer, me congratularé por mi opinión; si no estás conmigo, te ruego que no pongas más oscuro lo que él dijo. Habla más claro, por favor. En cualquier caso hazme ver tu opinión.

LORENZO. ¿Crees que es justo que me mandes injuriar a Boecio, sea condenándole, sea enmendándole?

ANTONIO. ¿Llamas injuria o afrenta a dar un juicio verdadero de otro, o a interpretar más claramente lo dicho de forma más oscura por él mismo?

LORENZO. Pero es odioso tener que hacerlo con los grandes varones.

ANTONIO. Más odioso, ciertamente, es no mostrar el camino al que yerra, y que no se lo muestres al que te lo pide.

LORENZO. ¿Y qué decir, si ignoro el camino?

ANTONIO. Así responde el que no quiere mostrar el camino. Dice: «no sé el camino». No quieras, pues, negarte a dar tu juicio.

LORENZO. ¿Y si te digo que comparto tu opinión sobre Boecio y que, lo mismo que tú, no lo entiendo, y que no hallo modo de explicar este problema?

ANTONIO. Si hablas de verdad, no soy tan rencoroso que pida de ti más de lo que me puedes dar; pero guárdate de ser mi amigo si me consideras molesto y te muestras mentiroso.

LORENZO. ¿Qué es, pues, lo que quieres que te explique?

ANTONIO. Si la prescencia de Dios se opone al libre albedrío, y si Boecio razonó bien esta cuestión.

LORENZO. De Boecio hablaré después. Pero antes quiero que me hagas una promesa, si ello es de tu agrado.

ANTONIO. ¿Qué promesa?

LORENZO. Que si te recibo con alegría en esta comida no vuelvas a cenar.

ANTONIO. ¿De qué comida o de qué cena me estás hablando?

LORENZO. Que te contentes con una sola discusión, sin añadir otra después.

ANTONIO. ¿Dices otra? Como si no bastara y sobrara con una sola. Hago, pues, mi promesa de no pedirte la cena.

LORENZO. Entonces, lanza al ruedo tu primera cuestión.

ANTONIO. Piensas bien. Si Dios prevé el futuro, entonces no puede suceder más que lo que él ha previsto. Lo mismo que si previó que Judas había de ser un prevaricador, es imposible que este no prevaricara. Es decir, era necesario que Judas prevaricara, a no ser que queramos —que no queremos— que Dios carezca de providencia. Siendo esto así, hay que pensar que el género humano no tiene en su poder la libertad de arbitrio. Y no hablo solo de los males. Pues si hemos de llamar malos a los que obran el mal y buenos a los que hacen el bien —y afirmamos que tanto los buenos como los malos carecen de libertad—, entonces sus actos se han de juzgar rectos o lo contrario, y al mismo tiempo necesarios y coaccionados o predeterminados. La conclusión salta a la vista: o Dios alaba a este por justo o acusa al otro por injusto; a uno le premia y a otro le castiga. Lo diré con toda franqueza: tal proceder parece contrario a la justicia, ya que las acciones de los hombres son secuela necesaria de la presciencia de Dios. Dejemos, pues, la religión, la piedad, la santidad, las ceremonias y los sacrificios. No esperemos nada de Él, no acudamos a la oración, no pidamos su misericordia, no intentemos reformar para mejor nuestra mente, no hagamos más que lo que nos dé la gana, pues tanto nuestra justicia como nuestra injusticia es bien conocida de antemano por Dios. Por tanto, o no parece prever el futuro —si estamos dotados de libertad— o no es justo —si carecemos de ella—. Aquí tienes lo que en esta cuestión me hace vacilar.

LORENZO. No solo has puesto el problema sobre el tapete, sino que además lo has desarrollado con amplitud. Dices que Dios previó que Judas sería prevaricador. ¿Pero se puede decir que le indujo a prevaricar? No lo veo. Porque Dios vea de antemano algo que el hombre haya de hacer no se sigue que lo hayas de hacer por necesidad, ya que lo haces porque quieres: lo que es voluntario no puede ser necesario.

ANTONIO. No creas que me voy a entregar tan fácilmente, ni que vuelva las espaldas sin sudor y sangre.

LORENZO. Adelante, pues; acércate y con pie firme lucha no con flechas, sino con la espada.

ANTONIO. Dices que Judas actuó libremente y, por tanto, no necesariamente. Negar que lo hizo voluntariamente hay que reconocer que sería desvergonzadísimo. ¿Qué es, pues, lo que digo? Que hubo una voluntad necesaria, ya que Dios la conocía de antemano. Sabía previamente que Judas tenía que querer y obrar, de lo contrario haría mentirosa a la presciencia.

LORENZO. Todavía sigo sin ver por qué razón de la presciencia de Dios tenga que derivar la necesidad a nuestras acciones y voluntades. Si el conocer de antemano alguna cosa hiciera que tuviera que suceder, diríamos que saber una cosa equivaldría a hacerla. Ahora bien, no por conocer tu talento puedes afirmar que existió algo por lo cual sabes que existe. Ahora sabes que es de día. Y bien, ¿por el hecho de saber esto es acaso de día? O por el contrario, ¿porque es de día sabes que es de día?

ANTONIO. Sigue.

LORENZO. Lo mismo sucede con el pasado. Hace ocho horas que sé que es de noche, pero mi conocimiento no hace que así fuese. Más bien supe que era de noche porque se hizo de noche. Y viniendo ya más al tema: suponte que con ocho horas de adelanto sé que será de noche. ¿Será por ello de noche? De ninguna manera; lo sé de antemano, porque así tendrá que ser. Entonces, si la presciencia del hombre no es causa de lo que habrá de suceder, tampoco la presciencia de Dios.

ANTONIO. Me decepciona, créeme, tal comparación: una cosa es conocer el presente y el pasado, y otra el futuro. Pues si sé que algo existe, no puede variar: si ahora es de día, no puede dejar de ser de día. El pasado no se diferencia en nada del presente; pues a este no lo conocimos después de haberse producido, sino mientras se producía y estaba presente: supe que era de noche no después de haber pasado, sino mientras era de noche. Concedo, pues, que en estos dos tiempos —presente y pasado— no sé que exista o existió algo porque de hecho existe, sino que lo sé porque así es o fue.

Lo contrario sucede con el futuro, que es variable; ni se puede dar por cierto lo que es incierto. Por lo mismo, para no hacer mentiroso a Dios con la presciencia, hemos de confesar que es cierto que el futuro existe y que, por tanto, es necesario, es decir, que nos priva del libre albedrío. No digas lo que hace un momento querías dar a entender, a saber, que no porque Dios prevea el futuro, así habrá de suceder. Habrás de decir más bien que el futuro existe porque Dios lo previó así. Y con ello haces una injuria a Dios, que necesariamente ha de conocer de antemano las cosas futuras.

LORENZO. Has venido a la pelea bien armado y guarnecido. Pero veamos quién está en lo cierto, tú o yo. Te hablaré primero de esto que me propones en último lugar. Afirmas que si Dios ve las cosas futuras, como futuras, entonces actúa por necesidad, ya que necesariamente ve todo lo que habrá de suceder. Pero esto no se ha de atribuir a la necesidad, sino a la naturaleza, a la voluntad, a la potencia. A no ser que creas que el que Dios no pueda pecar, ni morir, ni abandonar su ciencia se deba a su debilidad, y no más bien a su capacidad y a su eternidad. Así, cuando digo que no puede dejar de ver las cosas futuras —que es una clase de sabiduría—, no le hago ningún menoscabo, sino un honor. Así pues, no temo afirmar que Dios no puede dejar de ver lo que sucederá en el futuro.

Voy ahora a tu afirmación primera, a saber: que el presente y el pasado no son variables y que, por tanto, se pueden conocer. El futuro es variable y, por tanto, no se puede conocer de antemano. Pregunto yo ahora: ¿se puede hacer cambiar ahora que no sea de noche a las ocho; que después del verano venga el otoño; después del otoño, el invierno; después del invierno, la primavera, y después de la primavera el verano?

ANTONIO. Todas estas cosas son naturales. Yo, en cambio, estoy hablando de las voluntarias.

LORENZO. ¿Y qué dices de las fortuitas? ¿Pueden ser reguladas por Dios sin que se les atribuya necesidad alguna? Tales serían, por ejemplo, el que hoy llueva, que encuentre un tesoro, etc. ¿Es que no concedes que estas cosas se puedan saber de antemano sin que sucedan sin necesidad?

ANTONIO. ¿Por quién me tomas? ¿Por qué no lo habré de conceder? No creas que pienso tan mal de Dios.

LORENZO. Ten cuidado, pues al decir que piensas bien de Dios, quizá estés pensando mal. Porque sí concedes esto, ¿por qué dudas de las cosas voluntarias? Las dos cosas pueden entrar en ambas partes.

ANTONIO. No es así. Las cosas fortuitas siguen su propia naturaleza. Por lo mismo, tanto médicos como marineros, así como los mismos labradores, suelen prever muchas cosas, sacando las consecuencias de los antecedentes. Pero este razonamiento no se aplica a los actos voluntarios: no puedes vaticinar si yo habré de mover primero el pie derecho; de lo contrario se podría decir que has mentido si he movido el pie izquierdo...

Marsilio Ficino

6. Amor y sabiduría

El redescubrimiento de la obra de Platón en Europa se produjo hacia mediados del siglo XV y tuvo una enorme repercusión en la configuración del pensamiento renacentista. Frente a la escolástica medieval, en la que predominó la filosofía aristotélica, el humanismo construyó buena parte de su programa en base al platonismo.

Marsilio Ficino (1433-1499) suele ser considerado como el principal artífice de la preeminencia de la filosofía platónica en su época. Gracias al apoyo del poderoso Cosme de Medici, Ficino fundó una escuela de filosofía que fue conocida como la Academia Platónica Florentina. En su seno se aglutinó la élite del platonismo y allí se llevaron a cabo las traducciones al latín de las obras de Platón y de los principales neoplatónicos, como Plotino. Uno de los grandes humanistas que pertenecieron a esta Academia fue, precisamente, Pico della Mirandola. Así pues, de esta escuela es fruto el *Discurso sobre la dignidad humana*, el mayor logro intelectual en lo que se refiere al cambio de orientación antropológica y quintaesencia del humanismo renacentista.

Sin embargo, el platonismo no solo posibilitó una consideración del ser humano como criatura digna de reconocimiento —frente a la antropología pesimista que despreciaba al ser humano durante la Edad Media—, sino que permitió que el ser humano fuera considerado como un eslabón conectado con la divinidad. Si, por un lado, el pensamiento de Lorenzo Valla, de corte epicúreo, había servido para revalorizar los placeres materiales y espirituales, el platonismo iba a consolidar la dignidad humana a través de la consideración de lo erótico como manifestación y vía de conocimiento superior.

Lo que se conoce como «amor platónico» fue en realidad una creación de Marsilio Ficino, quien desarrolló lo mejor de su pensamiento a través de una reelaboración muy original de la vía erótica del conocimiento que Platón describe, sobre todo, en *El banquete*. Lo intelectual recupera el componente de sensualidad que había tenido en la filosofía griega y que había perdido con la irrupción del cristianismo.

Ficino comparte la idea platónica de que el conocimiento se produce porque el alma del ser humano es atraída por la belleza del mundo. Al contemplar un cuerpo bello, el ser humano desea salir de sí mismo para vivir en ese otro que le inspira. Se produce entonces el enamoramiento, que es un dejarse morir para vivir en el amado. El alma humana toma posesión del mundo a través de su penetración intelectual. Este proceso de muerte del alma, de dejarse ser en lo otro, de salir de sí para integrarse en lo bello, en el fondo conecta los diferentes grados de ser que hay en el mundo.

Según Ficino, la realidad se divide en cinco grados, que describe filosófico-poéticamente como Dios, el Ángel, el

Alma, la Cualidad y la Materia. Dios transciende el mundo inmanente, y estos grados del ser están sometidos a una jerarquía. Dios es el creador del mundo, al que dota de unidad y ánima. A Dios le sigue en escala ontológica descendente el Ángel, que está más allá del tiempo y el cambio. En él están todas las ideas en sí que sirven de arquetipos al mundo terrenal y material. Después del Ángel viene el Alma, que se sitúa a medio camino entre lo celestial y lo terrenal. Todo posee alma: los planetas, las esferas celestes y el ser humano. Es por así decir el «órgano» místico que permite a lo material conectarse y ascender hacia el Ángel y Dios. Por último estarían la Cualidad y la Materia, que conforman los entes. Pues bien, a pesar de que la materia está al final del escalafón ontológico, su papel es fundamental para llegar al conocimiento, puesto que precisamente la cualidad y buena disposición del cuerpo son lo que producen la belleza que activa los resortes mentales hacia el conocimiento. Si bien el cuerpo y el amor carnal son realidades menores, bajas, la sensualidad material no deja de preparar el camino para llegar al amor platónico, en el sentido de ascensión del alma a un nivel superior inalcanzable de unión mística.

El amor por el mundo deja de ser pecado para constituirse en medio y requisito imprescindible para que el alma logre el mayor gozo, a saber: el conocimiento del ser. El mundo está atravesado por una simpatía universal, es decir, una suerte de atracción compartida por todo ente por regresar a su creador, por volverse a Dios. El mundo, así pues, goza de una suerte de espíritu, de vida propia conectada amorosamente con lo absoluto. Lejos quedaba pues la visión miserable y condenatoria del mundo medieval.

«Comentario a *El banquete*, de Platón»[1]

Discurso segundo

Capítulo 8. Exhortación al amor. Del amor simple y del amor recíproco

Os pido y suplico, amigos míos, que os entreguéis con todas vuestras fuerzas al Amor, que es cosa divina. Que no os
aterre aquello que Platón dijo de cierto amante. «Ese amante —dice— es un alma muerta en su propio cuerpo, pero
vive en el cuerpo de otro»[2]. Que no os haga temblar tampoco el canto de Orfeo sobre la situación amarga y miserable de los amantes[3]. Escuchad más bien con atención, os
lo suplico, cómo se han de entender todas esas cosas y
cómo se puede remediarlas.

1. Traducción de Pedro R. Santidrián.
2. *Fedro*, 248 c.
3. Orfeo, dios de la música; véase Virgilio, *Geórgicas*, IV, 454-506.

Platón llama al amor una cosa amarga, y con toda justicia, porque el que ama, muere. Orfeo le llama agridulce[4], porque el amor es una muerte voluntaria. En tanto que muerte, es amarga; como voluntaria que es, dulce. Todo el que ama, muere. Pues su pensamiento, olvidado de sí mismo, siempre vuelve hacia el amado. No se preocupa de sí mismo, ciertamente no piensa en sí. Un alma como esta afectada así no actúa en ella misma, porque la principal operación del alma es precisamente el pensamiento. Y aquel que no opera en sí, ya no está en sí mismo, pues hay una identidad entre estas dos cosas: existir y obrar. No hay existencia sin operación y la acción no sobrepasa la existencia. Nadie opera o actúa donde no está, y allí donde está actúa. El alma, pues, del amante no está en ella, porque no actúa en ella misma. Y si no está en sí misma, tampoco vive en ella. El que no vive, está muerto. Por tanto, todo el que ama está muerto. ¿Pero vive al menos en otro? Ciertamente.

Hay dos clases de amor: amor simple y amor recíproco o mutuo. Hay amor simple cuando el amado no ama al amante. En tal caso, el amante está totalmente muerto. Pues ni vive en sí —como ya hemos demostrado— ni tampoco en el amado, pues es rechazado por él. ¿Dónde vive entonces? ¿Acaso en el aire, en el agua, en el fuego, en la tierra o en cualquier cuerpo de animal? De ninguna manera. El alma humana no vive en otro cuerpo que no sea humano. ¿O vivirá acaso en el cuerpo de otro hombre a quien no ama? Ni siquiera esto. Pues si no vive en aquel en quien desea ardentísimamente vivir, ¿cómo podrá vivir en otro? Quien

4. *Filebo*, 46 c-47 a.

ama a otro y no es amado por él no vive en ninguna parte. Está, por tanto, totalmente muerto el amante no amado. Ni volverá a vivir a menos que la indignación lo resucite. Pero cuando el amado responde con el amor, entonces el amante vive al menos en él. ¡Algo ciertamente maravilloso se produce aquí!

Siempre que dos seres se abrazan en mutua benevolencia, viven el uno en el otro. Estos hombres se intercambian mutuamente, y cada uno se da a sí mismo para recibir al otro. Veo con claridad que puedan darse puesto que se olvidan, lo que ya no entiendo es cómo el uno reciba al otro. Pues el que no se posee a sí mismo, mucho menos puede poseer a otro. Pero lo cierto es que tanto uno como otro se poseen a sí mismo y al otro. Este se posee, pero en el otro; aquel también se posee, pero en el otro. Mientras yo te amo, me encuentro en ti que piensas en mí, y me recupero de mí mismo perdido como estaba por mi negligencia mientras tú me conservas. Lo mismo haces tú en mí.

Hay todavía otra cosa maravillosa. Si después de haberme perdido me encuentro por ti, entonces me poseo por ti; y si por ti me poseo, te tengo antes y más que a mí mismo, estoy más cerca de ti que de mí, ya que no estoy unido a mí sino por ti. En esto precisamente difiere el impulso de Venus de la violencia de Marte[5]. Tal es la diferencia del dominio y la del amor. Un dictador posee a los otros por sí mismo, el amante se hace dueño de sí mismo por otro, y

5. Siguiendo a Platón, Ficino hace de Venus la diosa del amor. Marte es el dios de la guerra. Tanto Platón como Ficino distinguen dos Venus, una baja y grosera —el amor carnal—, y otra Venus alta y superior. Para comprender bien las páginas que siguen es indispensable la lectura de *El banquete* (ed. esp.: Madrid, Alianza Editorial, 2013).

cuanto más se aleja el amante de sí mismo, más se acerca al otro, de tal forma que muerto para sí revive en otro. En el amor mutuo solo hay una muerte y una doble resurrección. El amante muere en sí una sola vez cuando se olvida de sí. Pero revive inmediatamente en el amado, cuando este le acoge en su ardiente pensamiento. Y vuelve a revivir al reconocerse en el amado y al no dudar de que se le ama. ¡Oh feliz muerte a la que siguen dos vidas! ¡Oh intercambio admirable, en el que alguien se entrega por otro, posee a otro y no deja por ello de poseerse a sí mismo! ¡Oh ganancia inestimable, cuando dos se hacen de tal manera uno que cada uno de ellos de uno solo se hagan dos, y que, como gemelos, el que no tenía más que una vida tenga ya dos, merced a esta muerte!

Hay ciertamente en el amor mutuo una venganza justísima. El homicida ha de ser castigado con la muerte. ¿Y quién negará que no es homicida el que es amado, pues separa el alma del amante? ¿Quién podrá negar que el amado a su vez muere del mismo modo, al amar igualmente al amante?

Es justa esta restitución, puesto que este a aquel y aquel a este devuelven el alma que recibió. Amándose uno y otro entregan su alma, y correspondiendo al amor cada uno entrega el alma al otro. En estricta justicia, el que es amado debe, pues, amar. El que no ama a su amante se le ha de considerar como reo de homicidio. Y todavía más, es un ladrón, un homicida, un sacrílego. El cuerpo se apodera del dinero y el alma del cuerpo. Aquel, por tanto, que arrebata el alma, que es dueña del cuerpo y del dinero, arrebata el alma, el cuerpo y el dinero. Lo que le hace reo de muerte como ladrón, homicida y sacrílego, y que como persona ab-

solutamente infame y profana se la pueda matar impune-
mente, a no ser que de forma libre y espontánea cumpla
aquella ley, a saber: amar al amante. Por consiguiente, muere una vez con aquel que también muere una vez, y con el
que resucita dos veces, también él resucita dos.

Por las razones arriba dichas, ha quedado demostrado
que el amado debe amar a su vez al amante. Y se demuestra que no solo debe amarlo, sino que está obligado a ello.
La semejanza engendra el amor, y se encuentra de alguna
manera en muchas cosas. Pues si yo soy semejante a ti, necesariamente tú eres semejante a mí. La misma semejanza
que me empuja a amarte, te obliga a amarme a mí. Además,
el que ama se sustrae a sí mismo para darse al amado. El
amante cuida de su amado como de cosa propia, pues lo
que nos es propio es para nosotros objeto de gran cuidado.
Añádase a esto que el amante graba en su alma la imagen
del amado, con lo que el amante se convierte en espejo en
el que se refleja la imagen del amado. Por lo mismo, al reconocerse el amado en el amante, se ve empujado a amarlo.

Piensan los astrólogos[6] que la reciprocidad en el amor de
los amantes se basa fundamentalmente en la conjunción
de su nacimiento con la luz de los planetas, por ejemplo,
del Sol y de la Luna. Tal sería el caso de mi nacimiento con
el Sol en Aries y la Luna en Libra, y el tuyo con el Sol en
Libra y la Luna en Aries. O bien entre aquellos que se en-
contraran en ascendencia en signo y un planeta idéntico o
semejante. O si planetas favorables miraran todos hacia el

6. Muchos humanistas, como los pitagóricos, fueron particularmente
sensibles a la influencia de los astros sobre la vida humana. Incluso los
mismos sabios y filósofos no se sustrajeron a ella. Véase, por ejemplo,
Pomponazzi, Bruno, etc.

mismo ángulo del Oriente. O si Venus estuviera situada en la misma casa al nacimiento y en el mismo grado. De ellos añaden los platónicos que uno y muy semejante demonio dirige su vida. Por su parte, los médicos y moralistas están de acuerdo en afirmar que la igualdad de temperamento, de nutrición, de educación, las costumbres y el medio engendran deseos semejantes. Finalmente, allí donde concurren causas diversas, la reciprocidad es más violenta. Y cuando se dan todas, vemos renacer un amor como el de Pitias y de Damon, el de Pílades y Orestes[7].

Capítulo 9. Qué buscan los amantes

¿Qué es, en fin, lo que buscan los amantes en su amor mutuo? Buscan la Belleza. Pues el amor es el deseo de gozar de la belleza. Y la Belleza es un resplandor que atrae hacia sí al espíritu humano. ¿Qué otra cosa es la belleza del cuerpo sino el mismo esplendor en el embrujo de las líneas y de los colores? ¿Qué es la belleza del alma más que este esplendor que nace de la armonía de la doctrina y de las costumbres?

Ahora bien, esa luz del cuerpo no son los oídos, ni el olfato, ni el gusto, ni el tacto, sino los ojos los que la captan. Y si solo el ojo percibe, solo él se deleita. Por tanto, solamente el ojo del cuerpo goza de la belleza. Y siendo el amor nada más que puro deseo de goce de la belleza, que solo se

---

7. Pitias y Damon: filósofos griegos del siglo V, vinculados a la vida de Sócrates y Platón. Pílades fue un héroe fócido, amigo y consejero de Orestes; se casó con Elena, hermana de Orestes. Aparecen con frecuencia en la literatura griega.

capta por los ojos, el amante del cuerpo solo se contenta con su vista. El deseo de tocarle no es, pues, un elemento del Amor, ni un deseo del amante, sino una especie de ardor y pasión de un hombre esclavo. Solo el espíritu capta esa luz y esa belleza del alma. Por lo mismo, al que busca la belleza del alma solo le contenta la visión del espíritu. Finalmente, entre los amantes hay un mutuo intercambio de belleza. El varón adulto se deleita con la contemplación del amado más joven. Y el joven capta con el espíritu la belleza del varón. Y el que solo es hermoso de cuerpo, merced a esta familiaridad, se hace hermoso de alma. Y el que es hermoso de alma llena los ojos del cuerpo con la belleza. ¡Qué trueque tan maravilloso! Para ambos honesto, útil y placentero. Tan honesto para uno como para otro, pues tan honesto es aprender como enseñar. Más placentero en el de más edad al deleitarse con la vista y con la inteligencia. Pero en el joven hay mayor utilidad, pues cuanto más elevada es el alma que el cuerpo, más valiosa es la adquisición de la belleza del alma que la del cuerpo.

Discurso cuarto

Capítulo 3. Que el hombre es el alma, y el alma es inmortal

El cuerpo consta de materia y cantidad, y es propio de la materia la pasividad, y de la cantidad la división y la extensión. Siendo, pues, la pasividad y la división dos pasiones, es lógico que el cuerpo por su naturaleza se convierta en objeto de pasión y de corrupción. Si, pues, una acción parece convenir de alguna manera al cuerpo, este actúa no como cuerpo, sino porque un poder, en algún sentido corporal, y una cualidad está presente en él, como el calor en el cuerpo del fuego, el frío en el cuerpo del agua y la temperatura en nuestro cuerpo. Las operaciones del cuerpo proceden ciertamente de estas cualidades. El fuego calienta no porque sea largo, ancho o profundo, sino porque es caliente. Y no calienta más porque el fuego sea más extenso —al contrario, la dispersión disminuye el calor—, sino porque es más caliente.

Por tanto, si las operaciones proceden de las fuerzas y de las cualidades, y estas fuerzas y cualidades, aunque estén en la materia y cantidad, no están compuestas de materia y cantidad, entonces es propio del cuerpo sufrir y de un principio incorpóreo actuar. Cierto que estas fuerzas son solo instrumentos de operación. Por sí mismas no son suficientes para obrar, porque no tienen capacidad para existir por ellas mismas. Sabemos, en efecto, que lo que está en otro es incapaz de subsistir por sí mismo y depende de otro. De donde resulta que las cualidades, que subsisten totalmente por el cuerpo, provienen y dependen de una sustancia superior que no es cuerpo y que no está en el cuerpo. Tal es el alma, que estando presente y encerrada en el cuerpo, subsiste por ella misma y da al cuerpo la calidad y la fuerza de su temperamento, y por la que ejerce —como con otros tantos órganos— operaciones diversas en el cuerpo y por el cuerpo.

Se dice, con razón, que el hombre engendra, se nutre, crece, está de pie, se sienta, corre, habla, fabrica obras de arte, siente y entiende. Pero todas estas cosas las hace el alma. El alma, por tanto, será el hombre. Si afirmamos que el hombre engendra, crece y se alimenta, ello quiere decir que el alma como padre y artífice del cuerpo lo engendra, le hace crecer y le nutre. Si decimos que se tiene en pie, que se sienta y habla, es que el alma sostiene los miembros del cuerpo, los pliega y los hace vibrar. Si fabrica o corre, es que el alma extiende y dobla las manos y agita los pies a su gusto; si siente, es que el alma por los órganos de los sentidos percibe los cuerpos exteriores como por las ventanas o por aberturas. Si comprende, es que el alma, por sí misma, sin ningún órgano corporal, alcanza la verdad. Todo lo que se dice hace el hombre, es el alma la que lo hace, y el cuerpo lo padece o sufre. Y es porque el hombre es solamente el alma. El cuerpo es su obra e instrumento. Tan es así que el alma ejerce su principal operación, es decir, su inteligencia, sin ningún órgano corporal. Por sí misma comprende las cosas incorpóreas, mientras que el cuerpo no conoce más que las corporales.

Si, pues, el alma opera por sí misma, es claro que existe y vive sin un cuerpo, puesto que la que actúa sin un cuerpo vive también sin un cuerpo. Ahora bien, si existe por sí misma, el ser que le conviene le es propio y no común con el cuerpo. Independientemente, pues, de la materia se puede atribuir a sí misma el calificativo de hombre. Y puesto que este término designa a cada uno de nosotros durante toda la vida —en todas las edades se nos llama hombres—, parece claro que representa un elemento que no cambia. El cuerpo, en efecto, está sometido a un flujo perpetuo: crece y decrece, se desintegra y descompone por la alteración del calor y del frío. El alma siempre permanece igual. Nos lo muestran claramente tanto la búsqueda de la verdad como la persecución del bien, que son constantes, lo mismo que la conservación fiel de la memoria. Por lo demás, ¿hay alguien tan loco que se atreva a dar el nombre invariable de hombre al cuerpo que se escapa sin cesar y cambia en todo evento, más que al alma que es inmutable? Quede, pues, claro que cuando Aristófanes hablaba de los hombres estaba significando, según la costumbre platónica, a nuestras almas[8].

Discurso quinto

Capítulo 5. Cómo nace el amor y el odio, o que la belleza es incorpórea

Consecuencia de cuanto queda dicho es que toda la gracia del rostro divino, que se llama Belleza universal, es incorpórea, no solamente en el ángel y en el alma, sino también a la vista de los ojos. Hechizados por esta belleza, no solo amamos este rostro en su conjunto, sino también en sus partes. De aquí nace el amor particular hacia una belleza particular. De esta manera nos aficionamos a un hombre cualquiera como miembro del orden del mundo, sobre todo cuando brilla en él de forma manifiesta una chispa de la belleza divina.

Semejante sentimiento tiene dos causas: primera, porque nos deleita la imagen del rostro paterno; segunda, porque la figura y la belleza de un hombre bien plantado responde

8. Aquí Ficino acepta y sigue claramente la concepción platónica de que el «alma es el hombre». Por lo mismo, el amor es el que nace propiamente del alma como «genio» o «demonio» que supera, dirige y somete al cuerpo.

plenamente a la idea del género humano que nuestra alma ha recibido del creador del universo y que ella conserva. En consecuencia, si la imagen del hombre que aparece ante nuestros ojos —que es recibida por los sentidos y pasa al alma— no se ajusta a la imagen del hombre que el alma lleva consigo, la rechaza inmediatamente y empieza a odiarla por su deformidad. Es lo que hace que —sin saber por qué— nos agraden o nos desagraden ciertas personas que encontramos. Y la razón de este sentimiento es que el alma, impedida por la acción del cuerpo, no puede ver todas las formas que lleva en sí. Sucede así que, a causa de un cierto acuerdo o desacuerdo natural y misterioso, la forma exterior de un objeto que hiere con su imagen la forma de esa misma cosa impresa en el alma se ajusta o no se ajusta a ella. Y nuestra alma, movida por esta herida o esta atracción misteriosa, odia o ama a la misma cosa.

Esa fuerza divina hizo nacer en el ángel y en el alma la forma absolutamente perfecta del hombre a crear. Por el contrario, en la materia del mundo —alejado como está de su creador—, la constitución del hombre se encuentra degenerada en relación con esta figura perfecta. No obstante, en una materia mejor dispuesta aparece más semejante que en otra que lo está menos. La que aparece más semejante encaja y se ajusta a la razón del alma, lo mismo que al poder de Dios y a la idea del ángel. El alma aprueba esta armonía. Y la belleza consiste precisamente en esta armonía y en esta aprobación que es el amor. Pues bien, dado que la idea y la razón son extrañas a la materia del cuerpo, podemos deducir que la constitución del hombre se les asemeja no en función de su materia, sino más bien en razón de algo que no es corpóreo. Se ajusta y se armoniza en cuanto que es semejante, y por su armonía es bella. El cuerpo y la belleza son, por tanto, de naturaleza diferente.

Si alguien pregunta ahora cómo la forma de un cuerpo puede asemejarse a la forma y a la razón del Alma y de la inteligencia angélica, le pido que mire la obra de un arquitecto. Al principio, el arquitecto concibe en su mente la razón y como la idea del edificio. Después, en la medida de sus fuerzas, construye la casa tal como la ha concebido. ¿Quién puede negar, entonces, que la casa es un cuerpo y que se asemeja totalmente a la idea incorpórea del arquitecto, a cuya semejanza ha sido realizado? Y su similitud con el arquitecto se ha de juzgar más en razón de un orden incorpóreo que en función de su materia.

¡Ea!, levanta si puedes la materia —y puedes al menos levantarla con el pensamiento—, pero mantén el orden. No te quedará nada de cuerpo ni de materia. Más aún, el orden que procede del obrero será el mismo que aquel que está en el obrero. Lo mismo sucede en cualquier cuerpo de hombre. Encontrarás que su forma, que se ajusta a la razón del alma, es simple y desprovista de materia[9].

9. En este capítulo Ficino avanza la teoría de lo que más tarde se llamará «amor platónico». Las cosas exteriores responden a una idea o forma superior de belleza que las trasciende. Quedarse con las cosas mismas es vaciarlas de contenido. Se han de amar por sus formas o ideas que dan precisamente sentido al amor. La idea que la gente tiene del «amor platónico» —como algo ideal, en que no participan los sentidos ni el cuerpo— es una desfiguración del amor tal como lo entendieron Platón y el mismo Ficino.

Capítulo 6. Lo que se requiere para que una cosa sea bella, y que la belleza es un don espiritual

¿Qué es, pues, la belleza de un cuerpo? Un acto, un impulso y una gracia que se refleja en él bajo la influencia de su idea. Un fulgor tal no desciende a la materia sin que esta se haya preparado convenientemente. Ahora bien, la preparación de un cuerpo vivo exige tres cosas: el orden, la medida y el aspecto. Por orden se entiende la distribución de las partes; por medida, la cantidad, y por aspecto, las líneas y colores. Se necesita, en primer lugar, que cada miembro del cuerpo tenga su posición natural, a saber: que las orejas, los ojos, las narices y el resto estén en su lugar; que los ojos estén cerca de la nariz y a igual distancia, y que las dos orejas estén a igual distancia de los ojos. Pero no basta esta paridad de las distancias, propia del orden, a menos que se le añada la distribución de partes. Esta, respetando la proporción normal de todo el cuerpo, da a cada uno de los miembros un tamaño medio de forma que, por ejemplo, el rostro venga a ser tres veces mayor que la largura de la nariz, y que el semicírculo de las dos orejas juntas formen el círculo de la boca abierta: lo mismo se obtiene reuniendo las cejas. La largura de la nariz iguala a la del labio, y es la misma que la de la oreja. Las dos órbitas de las orejas tienen la misma medida que la abertura de la boca. Ocho cabezas hacen la altura del cuerpo, que se consigue igualmente con la largura de los brazos extendidos, así como con la de las piernas y los pies.

Creemos asimismo que el aspecto es necesario para que el estudiado trazado de las líneas, los pliegues y la luminosidad de los colores adornen este orden y esta medida de las partes.

Aunque estos tres elementos estén en la materia, no pueden ser ninguna parte del cuerpo. El orden de los miembros no es ningún miembro, pues está en todos ellos, y ninguno se encuentra en los demás miembros. Añádase, además, que el orden no es más que la distribución conveniente de las partes. ¿Y no podemos decir que esta distribución no es más que la distancia de las partes? Y por fin, esta distancia o no es nada —y entonces es un vacío absolutamente inútil— o es un rasgo formado por líneas. ¿Pero puede alguien dar el nombre de cuerpo a líneas desprovistas de anchura y de profundidad, cualidades necesarias a un cuerpo? La medida no es ciertamente la cantidad, sino el límite de la cantidad. Ahora bien, los límites son las superficies, las líneas y los puntos que —carentes de la dimensión de profundidad— no son considerados como cuerpos. En cuanto al aspecto, nosotros lo colocamos igualmente, no en la materia, sino en la concordancia armónica de luces, sombras y líneas.

De todo ello resulta evidente que la Belleza es tan extraña a la masa del cuerpo que nunca se podrá comunicar a la materia misma, a no ser que se someta a las tres preparaciones de orden incorpóreo de que ya hemos hablado. Se basan en una disposición armoniosa de los cuatro elementos, a fin de que nuestro cuerpo sea absolutamente semejante al cielo —cuya sustancia es armoniosa— y a fin de que un exceso de humores no dañe la formación del alma. Así la luz divina brillará fácilmente en un cuerpo semejante al cielo y la forma perfecta del hombre que posee el alma aparecerá más visible en una materia sumisa y dócil. Las voces y sonidos están ordenados casi de la misma manera para recibir su belleza; su orden, en efecto, consiste en subir desde un tono grave a la octava y bajar. El modo o medida es la progresión normal por voces terceras, cuartas, quintas y sextas, y por tonos y semitonos. El aspecto sonoro es la clara intensidad de un sonido.

Por estas tres cualidades o elementos, los cuerpos compuestos de muchos miembros, tales como los árboles, los animales y el conjunto de voces diversas, se aprestan a recibir la belleza. Los cuerpos más simples, como los cuatro elementos, las piedras, los metales y también las voces aisladas, están suficientemente dispuestos a recibirla por un cierto equilibrio, una fecundidad y una claridad inherente a su misma naturaleza. El alma, por su propia naturaleza, está preparada para ello, ya que como espíritu que es, y en alguna manera como espejo más cercano a Dios, brilla en ella —según dijimos arriba— el espíritu divino. Pues así como no hay que añadir nada al oro puro —tan solo quitarle las impurezas de la tierra para que brille más—, de la misma manera el alma no tiene necesidad alguna de complemento para embellecerla. Tan solo se ha de liberar del cuidado y preocupación absorbente del cuerpo y descartar el dolor que engendra el deseo y el temor. Al instante resplandecerá la belleza natural del alma.

Resumamos ya brevemente —para no alargarnos demasiado— cuanto hemos dicho sobre la Belleza. Es una gracia vivaz y espiritual que brilla por el rayo de Dios. Gracia infusa primero en los ángeles, y de ellos en el alma de los hombres, en la forma de los cuerpos y de los sonidos. Esta gracia, por medio de la razón, de la vista, del oído, mueve y deleita nuestras almas. Y deleitándolas, las embelesa, y embelesándolas las inflama de un amor ardiente.

Capítulo 7. Retrato del amor

El poeta Agatón[10] —siguiendo la costumbre de los antiguos poetas— sueña a este dios de una forma humana y lo pinta con trazos de hombre: «bello», «joven», «delicado», «flexible» o grácil, «proporcionado» y lustroso. ¿Y para qué todo esto? Más que la Belleza, todas estas cualidades preparan a recibir una naturaleza hermosa. Pues de estas cinco cualidades, las tres primeras apuntan a una ordenación armoniosa del cuerpo —fundamento primero de la belleza—. Y las otras dos revelan el orden, la medida y el aspecto.

Los médicos han demostrado que el signo o indicio de una constitución armoniosa del cuerpo está en el equilibrio suave y firme de una carne delicada. Donde hay demasiado calor, el cuerpo es seco y velloso; donde hay frío, enteco; donde predomina la sequedad, duro y áspero; donde la humedad, cimbreante, lánguido, desigual y contrahecho. La delicadeza igual y constante del cuerpo indica la proporción equilibrada de sus cuatro humores. Por este motivo dice Agatón que el amor es suave, delicado, tierno. ¿Pero por qué dice que es joven? Porque este equilibrio es una ventaja tanto de la naturaleza como de la edad. Con el paso del tiempo, se volatilizan las partes más ligeras de los humores, y no quedan más que las más espesas. Disipados el fuego y el aire, hay un excesivo dominio de agua y de tierra. Pero ¿por qué llamarlo «flexible» y grácil? Porque se entiende que es apto y pronto a todos los movimientos, y para

---

10. Agatón, poeta y dramaturgo griego (siglo V a. C.) del que no se conserva obra alguna. Es uno de los personajes de *El banquete*, anfitrión e iniciador del diálogo.

que nadie se imagine que habiéndole llamado «delicado» le había querido llamar «blando» como el agua, afeminado, lánguido e insípido. Todo lo contrario a una complexión bien equilibrada. Después añade: «proporcionado», bien plantado, es decir, el orden y la forma de sus partes le dan un toque de distinción. Añade, finalmente, lustroso, brillante, es decir, reluciente por la suave combinación de sus colores. Una vez que ha expuesto estas cualidades preparatorias, Agatón se calló el resto. Corresponde ahora a nosotros sobreentender la venida de la belleza.

Estas cinco cualidades pueden entenderse del hombre, según hemos dicho, pero tratándose del poder del amor se han de entender de otra manera, pues manifiestan su fuerza y su calidad. Se le llama «joven», precisamente, porque los jóvenes quedan seducidos por él la mayor parte del tiempo, y porque cogidos en sus redes desean la edad juvenil. Delicado porque los caracteres suaves se dejan prender más fácilmente, y los que han sido ya cogidos, por feroces que fueran antes, se tornan mansos. Flexible y grácil porque entra y sale a escondidas. Armonioso y «proporcionado» porque desea lo que es hermoso y ordenado, y se aleja de lo contrario. Reluciente porque inspira al hombre en la edad de la flor y de la luz, y desea lo que está en flor. Baste con haber insinuado brevemente lo que Agatón expone con toda amplitud.

Discurso sexto

Capítulo 6. Cómo somos atrapados en el amor

Cuanto yo diga de uno, entendedlo dicho de los tres amores[11]. Toda alma que desciende a un cuerpo terrestre bajo el signo de Júpiter concibe, al descender, para el hombre que ha de realizar la imagen conveniente al astro de Júpiter. En su cuerpo etéreo lo expresa de una manera muy exacta, porque está permanentemente preparada para recibirla. Sucede lo mismo en la Tierra cuando encuentra un terreno bien dispuesto. Entonces imprime en él una tercera imagen, absolutamente semejante a la primera y a la segunda. En el caso contrario, la imagen no es tan semejante.

Sucede con frecuencia que de dos almas descendidas a los cuerpos bajo el signo de Júpiter, si bien en períodos diferentes, la una, al encontrar en la Tierra un punto de partida apropiado, forma un cuerpo que responde con toda exactitud a sus ideas primeras. La otra, por el contrario, por su falta de adaptación a la materia, aunque empeñada en la misma obra, no consigue en su empeño una semejanza tan grande en relación a su modelo. Aquel cuerpo será más hermoso que este.

Ambos se agradan mutuamente en razón de una cierta semejanza de su naturaleza. Pero agrada más el que se considera más hermoso. De donde resulta que algunos aman

11. Los tres amores de que habla Ficino aquí podrían ser las tres «fuerzas» o «genios» o «furias» que impulsan al hombre: amor a la belleza corporal —el más ínfimo—; amor a la belleza de las almas y del conocimiento; amor a lo «bello en sí» —etapa suprema del amor—, culminación y ordenación de las anteriores.

sobre todo no a los que son más hermosos, sino a los suyos,
es decir, a los que han nacido como ellos. Por tanto, como
dijimos, los que han nacido bajo el mismo astro son tan originales que la imagen del más bello —al pasar por los ojos
al alma del otro— se ajusta y encaja con la imagen absolutamente semejante que ella —por su generación— había
formado tanto en el cuerpo etéreo como en las profundidades del alma.

El alma así tocada reconoce como propia esta imagen.
Imagen que, en la medida de lo posible, es como la que ella
poseía en su origen y tal como la que quería realizar en su
cuerpo, y que no pudo conseguir. Inmediatamente acerca
esta imagen a su imagen interior, y si algo falta para expresar la figura perfecta del cuerpo jupiterino, la mejora refor-
mándola. Y después ama a esta imagen reformada como a
su propia alma. De donde resulta que los amantes se enga-
ñen hasta el punto de juzgar al amado más guapo de lo que
es. Pues, a medida que pasa el tiempo no ven ya al amado
según la imagen que habían recibido de sus sentidos, sino
a la imagen realizada por el alma a semejanza de su idea y
que es más bella que el cuerpo. Desean, además, contemplar continuamente ese cuerpo en que apareció la imagen
por primera vez. Y aunque el alma —aun en ausencia del
cuerpo— la conserva y le sea casi suficiente, el espíritu, sin
embargo, y los ojos, como instrumentos que son del alma,
no la conservan.

Tres parecen ser las partes que hay en nosotros: el alma,
el espíritu y el cuerpo. El alma y el cuerpo —muy diferentes por naturaleza— se unen por medio del espíritu, que es
como un vapor muy tenue y transparente que el calor del
corazón hace nacer en la parte más sutil de la sangre. Em-

pujado desde allí a todos los miembros, recibe las fuerzas del alma y las transmite al cuerpo. Por los órganos de los sentidos recibe igualmente las imágenes de los cuerpos exteriores, que no pueden ser impresas en el alma —la sustancia incorpórea, que es más elevada que los cuerpos, no puede ser formada por ellos, al recibir las imágenes—. Por el contrario, el alma, presente en el espíritu dondequiera que este se encuentre, examina fácilmente las imágenes corporales que se reflejan en él como en un espejo, y por ellas juzga a los cuerpos. A este conocimiento lo llaman los platónicos sensación. Al contemplar estas imágenes concibe en sí misma y por su propio poder las que le son semejantes y las más puras. A tal concepción la llamamos imaginación y fantasía. Las imágenes concebidas en esta facultad se conservan en la memoria. A través de ellas, la punta más sutil del alma se ve incitada con frecuencia a considerar las ideas universales de las cosas que el alma lleva consigo.

Por eso, cuando el alma por la sensación percibe a un hombre cualquiera —y lo concibe por la imaginación—, contempla al mismo tiempo por su intelecto el tipo y la definición común a todos los hombres, gracias a la idea de humanidad innata en él. Y las conserva una vez que las ha contemplado. Para el alma, pues, que conserva la imagen de un hombre hermoso que ha concebido una sola vez y que ha retocado según su idea, bastaría con que hubiera visto una vez a la persona amada. Pero para el ojo, y para el espíritu, que como los espejos reciben las imágenes de un cuerpo cuando está presente y lo pierden cuando está ausente, la presencia continua de un cuerpo hermoso les es necesaria para que su luz las ilumine, las recree y las haga deleitables. Así pues, la indigencia es la causa de la presencia del cuerpo. Y como el alma les está sumisa la mayor parte del tiempo, se ve obligada a desearla.

Capítulo 7. Del nacimiento del amor

Volvamos ya a Diotima[12]. He aquí cómo describe a Sócrates el origen del amor después de relacionarlo con el número de los demonios, por las razones ya dichas: «Cuando nació Afrodita [Venus], celebraron un banquete los dioses y [...] Poro, mientras tanto, embriagado de néctar, entró en el jardín de Zeus [Júpiter] y, entorpecido como estaba, se echó a dormir. Entonces Penía [...] se acuesta con él y concibió a Eros [el amor]».

«Cuando nació Venus», es decir, cuando la inteligencia angélica y el alma del mundo —que, por las razones ya sabidas, llamamos venéreas— acababan de nacer de la soberana majestad de Dios. «Celebraron un banquete los dioses»: cuando Coelus, Saturno y Júpiter se alimentaban de sus propios bienes. Pues cuando en el ángel, en la inteligencia y en el alma del mundo apareció la fuerza de engendrar —eso que llamamos con toda propiedad las dos Venus— existía ya ese dios soberano que llamamos Coelus. En el ángel existía también la esencia y la existencia que llamamos Saturno y Júpiter, respectivamente. Y en el alma del

12. Personaje central en el diálogo de *El banquete*. A Diotima —la que invoca a Zeus— unos la interpretan como un personaje de ficción y otros como real. De todos modos, parece hablar por boca de Sócrates-Platón. A continuación, se describe el bello mito del amor nacido de la unión de Venus con Poros —la abundancia— y de Penía —la indigencia—. Véase *El banquete*, cit., pp. 107 y ss.

mundo estaba el conocimiento de las clases superiores y el movimiento de los cuerpos celestes que también llamamos Saturno y Júpiter.

«Poro» y «Penía» significan abundancia e indigencia. Poro, hijo de la Sabiduría, quiere decir chispa del dios soberano. Dios, en efecto, es llamado consejo y fuente del consejo, porque es la verdad y la bondad de todas las cosas. Es su esplendor lo que da verdad a todo consejo, y este tiende a alcanzar su bondad.

«El jardín de Júpiter» significa la fecundidad de la vida angélica en la que se engendra el amor. A ella desciende Poro, que es el rayo de Dios, y se une a Penía, es decir, la indigencia original del ángel. Al principio, el ángel está en y vive para Dios. Por estas dos —esencia y vida— se le llama Saturno y Júpiter. Tiene además la capacidad de entender que, según nosotros, es Venus. Un poder tal que, de no estar iluminado por Dios, es por su naturaleza informe y oscuro, como es la potencia del ojo antes de recibir la luz del sol. Nosotros creemos que esta oscuridad se identifica con Penía, como sinónimo de pobreza y de falta de luz. Por lo demás, ese poder de comprender nacido de un instinto natural se vuelve hacia su padre y recibe de él un rayo divino, que es Poro y la abundancia. En él están contenidas como en germen las razones de todas las cosas. Las llamas de este rayo natural encienden ese instinto. El incendio y el abrazo nacido de la oscuridad primitiva y de una chispa que se le añade es el amor, nacido de la indigencia y de la abundancia.

En «el jardín de Júpiter», es decir, engendrado a la sombra de la vida. Pues el ardiente deseo de comprender nace inmediatamente después del vigor de la vida. Pero ¿por qué nos presentan a Poro «embriagado de néctar»? Porque rebosa del rocío de la vitalidad divina. ¿Y por qué el Amor es en parte rico y en parte pobre? Porque ordinariamente no ansiamos ni lo que poseemos con plenitud ni lo que nos falta totalmente. Si cada uno busca lo que no tiene, ¿por qué el que posee una cosa en su totalidad habría de buscar más? Y si nadie desea lo que ignora, es necesario que tengamos un cierto conocimiento previo de lo que amamos. Y no basta con conocerlo. Odiamos muchas cosas que conocemos. Es necesario, además, que las tengamos por buenas y agradables. Ni siquiera esto parece suficiente para encender su deseo; se necesita también que juzguemos fácil adquirir lo que nos parecía agradable.

Quien, pues, ama una cosa, todavía no la posee ni cierta ni totalmente. No obstante, por la reflexión de su alma puede percibirla, juzgarla agradable y tener la esperanza de conseguirla. Dicho conocimiento, juicio y esperanza son, por así decirlo, una anticipación presente de un bien ausente. No ardería en deseos de ella si no le agradara, y no le agradaría si de alguna manera no tuviera un pregusto. Por tanto, si los amantes tienen verdaderamente en parte lo que desean y en parte les falta, ello quiere decir que el Amor es una mezcla de indigencia y de abundancia. Por esta misma razón, esa Venus altísima, envuelta por el abrazo gozoso de este rayo divino, tiende por amor a la plenitud total de la luz total. Este impulso le une más eficazmente a su padre, con cuyo fulgor resplandece al instante. Y las razones confusas de las cosas ocultas en este rayo que llamamos Poro —cuando interviene ese poder inherente a Venus— se tornan explícitas y brillan más clara y distintamente.

Pues bien, lo que el ángel es a Dios, el alma del mundo lo es al ángel y a Dios. Cuando se vuelve a las cosas superiores, recibe igualmente de estas un rayo, se inflama y engendra un amor que participa de la abundancia y de la indigencia. Adornada así con las formas de todas las cosas mueve, a su ejemplo, los cielos. Y por su potencia generatriz hace nacer en la materia los elementos de las formas semejantes a los que ha recibido. Nuevamente encontramos aquí dos Venus[13]. La una es naturalmente la fuerza que este alma tiene de comprender las cosas superiores; la otra, su poder de crear las inferiores.

La primera, ciertamente, no es propia del alma, sino una imitación de la contemplación angélica. La segunda, en cambio, es propia de la naturaleza del alma. Por eso, cada vez que en el alma colocamos una sola Venus, nos damos cuenta de que se trata de su poder natural y de su propia Venus. Y cada vez que colocamos en ella las dos captamos lo que le es común con el ángel y la que le es propia. Hay, pues, en el alma dos Venus: la primera, celestial; la segunda, vulgar. Ambas tienen un amor: la celeste, para comprender la belleza divina; la vulgar, para engendrar esta misma belleza en la materia del mundo. Una y otra se dirigen a engendrar la belleza, pero cada una a su modo. La Venus celeste, con su inteligencia, se esfuerza por reproducir en ella lo más fielmente posible la belleza de las cosas divinas. La vulgar, por su parte, merced a la fecundidad de los gérmenes divinos, tiende a engendrar en la materia del mundo la belleza que ha concebido en ella de una manera divina.

---

13. Alude a *El banquete*, en que se habla de las dos Venus. Vid. *El banquete*, cit., pp. 108 y ss.

A veces llamamos dios a uno de estos amores, puesto que se orienta hacia las cosas divinas. Pero la mayor parte de las veces le llamamos demonio, porque parece tener cierto atractivo por el cuerpo. Y está más inclinado hacia la región inferior del mundo. Todo lo cual es ciertamente extraño a un dios, y conviene a la naturaleza de los demonios[14].

14. Si el amor es —según Platón— «afán de engendrar en la belleza, según el cuerpo y según el alma», este afán está impulsado por un demonio o genio que nos impulsa hacia la inmortalidad. El hombre, impulsado por su demonio o genio, se lanza en busca de la inmortalidad, objeto supremo del amor.

Pietro Pomponazzi

7. El alma y la materia

El Renacimiento fue una época eminentemente platónica, como hemos visto ya en el apartado dedicado a Ficino. Sin embargo, el aristotelismo no solo no desapareció, sino que permaneció incólume en la corriente escolástica. Asimismo, el descubrimiento de nuevos textos, la depuración filológica de estos y la influencia de otras corrientes aristotélicas suscitaron un nuevo debate sobre cómo debía interpretarse al verdadero Aristóteles.

El aristotelismo medieval estuvo completamente condicionado por el cristianismo. La máxima autoridad aristotélica de aquel período fue Tomás de Aquino, cuya obra sirvió de columna vertebral a la escolástica. En el Renacimiento comienzan a ganar influencia otros aristotelismos, como el averroísta y el alejandrista, que ponían en tela de juicio la posibilidad de una confluencia de la filosofía de Aristóteles con el cristianismo, a no ser que se forzara la verdad de la letra y el espíritu del griego. El aristotelismo

averroísta latino negaba la inmortalidad del alma humana; el aristotelismo alejandrista, por su parte, afirmaba que
un análisis serio y fiel a la filosofía de Aristóteles solo podía concluir asimismo en la negación de la inmortalidad
del alma. Por tanto, si quería defenderse la inmortalidad del
alma, tal y como prometía la fe cristiana, no podía invocar-
se a Aristóteles. Pues bien, Pomponazzi va a llevar hasta sus
últimas consecuencias esta interpretación de Aristóteles.

Pietro Pomponazzi (1462-1525) es el creador del neoaris-
totelismo renacentista. Como ya hemos visto en otros humanistas, su pensamiento se caracteriza por la audacia.
Una de las grandes cuestiones de la filosofía renacentista
era cómo encajar los nuevos descubrimientos de la filosofía
antigua en las doctrinas cristianas. Ficino llevó a cabo toda
una reelaboración de la teoría de Platón que aspiraba a la
confluencia en una teología prístina y universal en la que la
inmortalidad del alma quedara a salvo y demostrada. Sin
embargo, el aristotelismo, una vez despojado de la manipulación hermenéutica tomista, resultaba incompatible con
los artículos de fe cristianos. Pomponazzi asume desde el
principio que el aristotelismo niega la inmortalidad del
alma. En síntesis, el mantovano va a decir que la teoría que
Aristóteles expresa en sus obras, especialmente en *De anima*, es incompatible con la fe cristiana, pues el alma muere
con el cuerpo. Esta constatación suponía un peligro cierto,
porque arremetía contra el sistema ideológico del poder vigente. Para evitar ser perseguido, Pomponazzi insiste en
que Aristóteles no desmiente el cristianismo, sino que se limita a hacer un uso recto de la razón, mas, en la medida en
que la razón no puede ascender a los misterios de la fe, estos quedan intocados, porque no pueden ni requieren una

explicación racional; un argumento retórico cuyo efecto no fue muy grande.

Pomponazzi asume la finitud de la vida sin desesperación. La dignidad del ser humano no quedaba humillada porque la existencia no fuera eterna. Sin embargo, el sistema de creencias tradicional, fundado en el cristianismo, hacía de la inmortalidad del alma un elemento crucial del orden social. La obediencia del pueblo pendía de la creencia en la vida eterna, que justificaba todo tipo de padecimientos en la tierra como méritos en la economía de salvación del alma. Si el alma moría con el cuerpo, tal y como se desprendía del aristotelismo, había que entender por qué el ser humano obedece.

Pomponazzi afirma que existen tres tipos de entendimiento en los seres humanos: el especulativo, muy minoritario y predominante entre los filósofos, que podían asumir la mortalidad del alma como una verdad que no impedía comprender la necesidad de la obediencia y la práctica del bien para poder garantizar la vida humana; el entendimiento técnico, también minoritario, pero más extendido que el filosófico, propio de aquellos que ejercen profesiones como la medicina, la jurisprudencia o la arquitectura; y, por último, el entendimiento práctico, que es casi universal y se encuentra en ese tipo de ser humano que apenas conoce más que las condiciones materiales de vida. Pues bien, Pomponazzi afirma que estos, que son la mayoría, obedecen y asumen su condición inferior en la sociedad no porque hagan un ejercicio de razón, como haría el filósofo, sino porque el poder político organiza todo un sistema de premios y castigos que les fuerzan a ello.

Sin embargo, este tipo de control político no es suficiente. La obediencia depende ulteriormente de un sistema de valores sobre el que se funda el obrar bien o mal. En este punto es donde encuentran su lugar las religiones, que se van sucediendo en el tiempo. El cristianismo sería, quizás, la más perfecta de todas, pero no dejaría de constituir un sistema de control más de los seres humanos para forzarles a obedecer, ya que por sí mismos no son capaces de reconocer que obrar con justicia es más racional que no hacerlo.

En la obra de Pomponazzi se encuentran semillas de secularización de la vida que se convertirán en la piedra de toque de la filosofía contemporánea como un largo proceso de la razón para desencantar el mundo, es decir, para desalojar a los dioses de los lugares que siempre debieron estar reservados a la dignidad del ser humano.

Sobre la inmortalidad del alma[1]

Prólogo.
En que se contiene la intención o materia del libro y
el porqué de la intención

El hermano Jerónimo Natale, de Ragusa, miembro de la
Orden de Predicadores, estando yo enfermo venía con frecuencia a verme, llevado de su gran humanidad y del gran
afecto hacia mi persona. Un día, viendo que yo me encontraba no tan aquejado por la enfermedad, con el rostro un
tanto cabizbajo se dirigió hacia mí:

—Maestro ilustrísimo, hace unos días nos expusiste la
doctrina sobre el cielo. Al llegar a aquel lugar en que Aristóteles afirma con muchos argumentos que el cielo no ha
tenido principio y es incorruptible, afirmaste que no du-
dabas de que la postura de Santo Tomás de Aquino so-

---

1. Traducción de Pedro R. Santidrián.

bre la inmortalidad era verdadera y solidísima en sí misma. Creías, sin embargo, que no estaba de acuerdo con el pensamiento de Aristóteles. Por tanto, si no te molesta, quisiera que me explicaras dos cosas. Primera: ¿cuál es tu pensamiento sobre este tema?, dejados a un lado los milagros y las revelaciones y manteniéndonos dentro de los límites de la razón natural. Segunda: ¿cuál crees que fue la opinión de Aristóteles en esta materia?

Yo, entonces, viendo en todos los que me rodeaban —pues eran muchos— una gran curiosidad y deseo, le respondí de esta manera:

—Queridísimo hijo y demás presentes: no pides poco. El tema, en efecto, es de la mayor importancia, pues casi todos los filósofos ilustres lo han abordado. Pero ya que solo pides mi manera de pensar sobre este tema, no me es difícil expresarte lo que siento, y lo haré con mucho gusto. Por lo demás, tal como están las cosas, pienso que podrás preguntar a personas más preparadas que yo. Abordaré, pues, el tema con la ayuda de Dios.

Capítulo I.
En el que se demuestra que el hombre es de naturaleza dual o ambigua, entre lo mortal y lo inmortal

El comienzo de mi exposición parte de esta reflexión: el hombre no es de naturaleza simple sino múltiple, ni de naturaleza cierta sino dual o ambigua. Se puede ver claramente esto con solo examinar sus operaciones esenciales, por las que se conocen la esencia y naturaleza de las cosas. Se viste de mortalidad por el hecho de que las facultades vegetativas y sensitivas —como se afirma en otro lugar— no pueden ejercerse sin un instrumento corporal y caduco.

Otros dicen que por el hecho de entender y querer hay que situarlo entre las cosas inmortales, pues tales actos suponen separabilidad, inmaterialidad e inmortalidad. Tales operaciones se realizan sin ayuda de instrumento o medio corporal ninguno, como puede verse a lo largo de todo el libro *De Anima*[2].

Todo lo cual nos permite llegar a esta conclusión: el hombre no es de naturaleza simple, pues incluye tres almas: una que podemos llamar vegetativa, otra sensitiva y una tercera intelectiva. Está exigiendo una naturaleza ambigua, pues ni es simplemente mortal ni simplemente inmortal. La verdad es que abarca las dos naturalezas.

Esto lo expresaron bien los antiguos al colocarlo entre lo eterno y lo temporal. Sencillamente por esto: porque no es ni totalmente eterno, ni totalmente temporal. Participa de ambas naturalezas. A él solo se le ha dado el poder —como a quien está en medio de ellas— de apropiarse la que quiera. De donde resulta que podemos encontrar tres clases de hombres.

Algunos —muy pocos— se pueden contar entre los dioses. Son aquellos que han sometido el alma vegetativa y sensitiva, y se guían enteramente por la razón. Otros, por el contrario, despreciando cordialmente la inteligencia y entregados de lleno a los impulsos vegetativos y sensitivos, se han convertido en bestias. A esto apuntaba quizá el mito de Pitágoras cuando dijo que las almas humanas transmigraban a animales diferentes.

2. Aristóteles, *De Anima*, I-II.

Otros, finalmente, han sido considerados como simples hombres. Y son los que vivieron el término medio de las virtudes morales: ni se entregaron a la sola inteligencia, ni carecieron de las virtudes corporales. Sobre cada una de estas formas de vida es claro que cada uno tiene amplia libertad de pensar. Y también concuerda con esto aquello del Salmo: «Lo hiciste un poco menor que los ángeles»[3].

Capítulo II.
En que se exponen los modos en que se puede entender la multiplicidad de la naturaleza humana

Hemos visto la múltiple y ambigua naturaleza del hombre. No ciertamente la que resulta de la composición de la materia y la forma, sino la que proviene de su forma o alma. Nos queda por ver de qué manera se puede predicar al mismo tiempo del alma lo inmortal y lo mortal. Alguien dirá que son opuestos y no pueden afirmarse del mismo. No parece que sea fácil probarlo. Por tanto, o se afirma una sola naturaleza que sea al mismo tiempo mortal o inmortal, o bien una u otra.

Si se afirma esto último, cabría entenderlo de estos tres modos:

1) Según el número de hombres, así será el número de almas mortales e inmortales. En Sócrates, por ejemplo, habrá una inmortal y una o dos mortales, y así sucesivamente. El resultado sería que cada hombre tiene su propia alma que es mortal e inmortal.

3. Salmo, 8, 3.

2) O se afirma más bien que en todos los hombres hay una sola alma inmortal. Tenemos entonces que las almas mortales se multiplican y distribuyen en cada hombre. O, por el contrario, afirmamos más bien que el alma inmortal se multiplica en cada uno de ellos, o que la mortal les es común a todos.

3) Si se elige el tercer modo, a saber, que el hombre se hace mortal e inmortal por una y misma alma, caemos en contradicción, ya que afirmamos cosas opuestas y al mismo tiempo de un mismo sujeto. En otras palabras: no puede decirse que la misma alma sea mortal e inmortal. O será *simpliciter* mortal o *secumdum quid* mortal, o bien viceversa, *simpliciter* mortal y *secumdum quid* inmortal. O ambas cosas a la vez, es decir, *secumdum quid* mortal y *secumdum quid* inmortal[4].

Con estos tres modos se puede evitar fácilmente la contradicción. Quien piense, verá que estos tres modos pueden ampliarse hasta seis, como ve todo el que discurre y piensa.

Capítulo IX.
Exposición del modo quinto, a saber, que la misma esencia del alma es mortal e inmortal: *simpliciter* mortal y *secundum quid* inmortal

Algunos acaban de impugnar el primer modo, que afirma que en los mortales se distingue realmente la parte intelec-

---

4. *Simpliciter* es término escolástico que significa 'total' o 'esencialmente', 'algo en sí mismo considerado'. *Secundum quid*, 'parcialmente', 'accidentalmente', 'en algún aspecto'. Se quiere decir que —a juicio de Pomponazzi— el alma individual humana es, por su misma esencia, mortal a la luz de la razón. Y también en algún sentido, pero no esencialmente, inmortal. Es la tesis que defenderá Pomponazzi en el capítulo IX.

tiva de la sensitiva. El segundo, por su parte, que afirma
que lo intelectivo y lo sensible son una y la misma cosa, y que
en cuanto tal es *simpliciter* mortal y *secumdum quid* inmortal, parece bastante ambiguo. Y tampoco parece convenir a
Aristóteles.

Solo nos queda, pues, afirmar el último modo. Este afirma que en el hombre lo sensitivo se identifica con lo intelectivo. Y añade que verdadera y esencialmente este es mortal y *secumdum quid* inmortal. Y para proceder con orden
explicaremos los cinco puntos enumerados en el capítulo
anterior [octavo].

1) Concedemos *simpliciter* el primer punto, a saber, que
lo intelectivo y lo sensitivo se identifican realmente en el
hombre.

2) No estamos de acuerdo con el segundo, porque afirmamos que «en cuanto tal y *simpliciter* es mortal, *secumdum
quid* e impropiamente inmortal».

Para comprender esto se ha de saber y se ha de aprender
de memoria que todo conocimiento es de alguna manera
abstracción de la materia. Esta, por tanto, impide el conocimiento tal como dice el comentarista[5]. Y se puede observar en los sentidos, los cuales no conocen según las cualidades reales, sino según capacidad o captación propia.
Así lo afirma Aristóteles[6] diciendo que lo propio de cada
sentido es recibir las especies (imágenes) sin materia.

Por tanto, según los tres modos de separación de la materia, se dan tres modos generales de conocimiento. Hay cier-

5. Se refiere aquí a Alejandro de Afrodisias (siglo III d. C.), comentarista
de Aristóteles.
6. Aristóteles, *De Anima*, II.

tos seres que existen totalmente separados de la materia y, por lo mismo, no necesitan del cuerpo para conocer, como de sujeto u objeto. Su conocimiento no reside en el cuerpo, pues no están en el cuerpo. Tampoco son movidos por el cuerpo, pues mueven y no son movidos. De esta clase son las sustancias separadas que llamamos entendimientos (intelectos) o inteligencias. En ellas no se da el discurso, ni la composición, ni cualquier otro movimiento.

Hay otros que, aunque no conozcan a través de las cualidades sensibles, lo hacen por medio de sus especies o imágenes, las cuales revisten un cierto grado de inmaterialidad. Por lo mismo, se dice que no tienen materia y que son espirituales. No obstante, por estar en la escala ínfima de los cognoscentes, son bastante materiales, ya que en sus operaciones necesitan del cuerpo, como sujeto y como objeto. Estos conocimientos tienen su sede en un órgano y solo representan lo singular, siendo movidos o activados por algo corpóreo. Tales son las facultades sensitivas, aunque algunas de ellas sean más espirituales y otras menos, como dice el Comentarista 3 de *De Anima*, Comm. 6, y en su libro sobre el sentido y el objeto de la sensación. Pues la naturaleza siempre procede ordenadamente, como dice Aristóteles[7].

Entre estos dos extremos —no necesitar del cuerpo como sujeto o como objeto, o necesitar del cuerpo como

---

7. Aristóteles, *Física*, 8. Conviene conocer las tres facultades de conocimiento: 1) inteligencia, conocimiento directo, intuitivo, sin imágenes; es propio de las inteligencias separadas como los espíritus. 2) Intelecto, conocimiento racional mediante imágenes o fantasmas proporcionados por los sentidos; es propio del hombre. 3) Sentidos, por medio de la percepción empírica; hombres y animales.

sujeto o como objeto— existe un término medio. Este ni es totalmente abstracto ni totalmente inmerso o concreto. Por tanto, si no es posible que una facultad necesite del cuerpo como de sujeto y no como de objeto —como ya demostramos—, en lógica consecuencia, tal intermedio no necesita de sujeto, pero sí de objeto.

Tal es el entendimiento humano a quien todos los autores, tanto antiguos como modernos, sitúan entre lo abstracto y lo no abstracto. Es decir, entre las inteligencias y el grado sensitivo. Por debajo ciertamente de las inteligencias y por encima de las potencias sensitivas.

Por esta razón se dice en el Salmo: «Lo pusiste un poco por debajo de los ángeles». Y un poco más adelante: «Le colocaste por encima de la obra de tus manos, por encima de las ovejas, de los bueyes, etc.»[8]. Y este modo de conocer es aquel de que habla Aristóteles[9]. Entender con fantasma (imagen) o sin fantasma no se da sino en el cuerpo humano. Y cuando el mismo Aristóteles, en el libro III de *De Anima*, declara que el entender no es fantasía o imaginación —pues no es orgánico—, pero que tampoco se puede dar sin la imagen o fantasía —como se dice en 29 y 39 del mismo texto—, no afirma que el alma entienda sin imágenes.

El alma humana, por tanto, no necesita del órgano o instrumento como de sujeto, sino como de objeto. Y según Platón y Aristóteles, a todos estos órganos de conocimiento les corresponde ser almas. Por lo mismo —al menos según Aristóteles—, todo conocimiento es un acto del cuerpo físico orgánico. Pero para el que las entiende de otro

8. Salmo, 8, 3.
9. Aristóteles, *De Anima*, II.

modo no son actos del cuerpo, pues son inteligencias, ya que en su entender y desear para nada necesitan del cuerpo. Pero en cuanto que actúan y mueven a los cuerpos celestes son almas y son actos del cuerpo físico orgánico. La estrella, pues, es un órgano del cielo[10] y todo el orbe es por la estrella. Por tanto, activan el cuerpo físico orgánico y, como tales, necesitan del cuerpo como de su objeto. Pero en su actuación y movimiento no reciben nada del cuerpo, solo le dan.

El alma sensitiva, en cambio, es simplemente el acto del cuerpo físico orgánico, porque necesita del cuerpo como de su sujeto. Y no puede ejercer su función sino en un órgano. Y necesita también del cuerpo como de objeto.

El entendimiento humano, que está entre los dos, no queda anulado totalmente en su función por el cuerpo, ni tampoco se identifica con él. Por lo mismo no necesita del cuerpo en cuanto sujeto, pero sí como objeto. En consecuencia, es un acto del cuerpo orgánico a mitad de camino entre lo abstracto y lo no abstracto. Pues las inteligencias, en cuanto tales, no son almas, porque no dependen del cuerpo en cuanto tales, sino en cuanto mueven los cuerpos celestes. Pero el intelecto humano en toda su actividad es un acto del cuerpo orgánico, pues siempre depende del cuerpo como de su objeto.

Hay además una diferencia entre la inteligencia y el entendimiento humano en su dependencia del órgano. Pues como humano recibe y se perfecciona por el objeto corporal, ya que es movido por este. Pero la inteligencia no recibe nada del cuerpo celeste, sino que más bien le da. En el

---

10. Aristóteles, *Ibid.*, III.

intelecto humano difiere del alma sensitiva en su manera de dependencia del cuerpo. El alma sensitiva depende subjetiva y objetivamente, el intelecto tan solo objetivamente. De donde podemos concluir que el intelecto humano es un acto del cuerpo orgánico que se sitúa a medio camino entre lo material y lo inmaterial.

No son, por tanto, de igual manera animales los cuerpos celestes, los hombres y las bestias. Como se ha podido ver, sus almas no son de igual modo actos del cuerpo físico orgánico. Por lo mismo Alejandro[11] pudo afirmar en su párrafo sobre el alma que a la inteligencia se la ha de llamar alma no de una manera unívoca, sino equívoca o análoga. Y al cielo, animal. Así parece pensar también Averroes en su libro sobre la sustancia del orbe: «Llamamos con toda propiedad animales a las bestias, según el lenguaje común, pero a los animales se les llama animales en un sentido medio»[12]. Ni se ha de imaginar que en Aristóteles sea accidental esta manera de entender el intelecto humano, a saber: que se mueve por el objeto y no necesita del sujeto.

Y las razones son las siguientes: porque son esenciales para que pueda operar una cosa. Y porque si la forma o modo de operar es uno, el modo de operación de la potencia sensitiva nunca se cambia al de la inteligencia, como tampoco al del intelecto humano. Ni el modo de la inteligencia pasa al intelecto o a la potencia sensitiva.

De la misma manera, la forma humana de entender no parece que pueda transformarse en el modo de la inteligen-

11. Nueva alusión a Alejandro de Afrodisias.
12. Averroes, *De substantia Orbis* (*Sobre la sustancia del universo*).

cia, lo que sucedería si entendiese sin la necesidad del cuerpo como sujeto y como objeto.

Hay también otra razón: la naturaleza se cambiaría en otra, pues se transmitirían las operaciones esenciales. Añádase que por ningún otro signo natural podemos saber que el entendimiento humano tenga otro modo de conocer. Sabemos por experiencia que siempre necesitamos de imágenes.

De todo lo cual se concluye que este tipo de conocimiento por imágenes o fantasmas es esencial al hombre. Probaré en forma silogística la conclusión que intento sacar: que el alma humana es *simpliciter* material y *secumdum quid* inmaterial.

1) Parto primeramente de este silogismo: el intelecto humano es inmaterial y material, como resulta de lo dicho. Ahora bien, no participa de igual manera de estas dos cualidades, ni es más inmaterial que material, como se probó en el capítulo anterior. Luego es más material que inmaterial, y así será *simpliciter* material y *secumdum quid* inmaterial.

2) Es esencial al entendimiento entender por medio de imágenes o fantasmas, como se ha demostrado ya, y es evidente por la definición de alma, pues es un acto del cuerpo físico orgánico. Ahora bien, necesita en toda operación de un órgano o instrumento que le es necesariamente inseparable para poder entender. Luego el intelecto humano es mortal.

La menor resulta evidente por las palabras del mismo Aristóteles:

Si conocer —se pregunta— es un acto que se realiza con imágenes (fantasía) o sin imágenes entonces no ha lugar la separación. Porque de separarse o no actuaría —y estaría ociosa— o actuaría, valiéndose de las imágenes, lo que va contra la mayor que debemos probar.

Se demuestra, además, porque Aristóteles nunca afirmó que existiera un alma sin cuerpo. En *Metafísica*, 12, pone el número de inteligencias según el número de esferas. Mucho menos puede poner el intelecto humano fuera del cuerpo, pues es mucho menos abstracto que la inteligencia. Más aún: si el mundo es eterno —como opinó Aristóteles—, entonces habría que admitir infinitud de formas infinitas actuando de hecho sin el cuerpo —lo que para el mismo Aristóteles resulta ridículo—.

Hay que afirmar, por consiguiente, y de una manera rotunda, que según Aristóteles el alma humana es mortal. Hay que afirmar, no obstante, que al estar entre lo abstracto *simpliciter* y en algún modo inmersa en la materia, «participa de la inmortalidad». Y así lo demuestra su operación esencial. En cuanto que no depende del cuerpo como de sujeto, conviene con las inteligencias y difiere de los animales. Pero al necesitar del cuerpo como de su órgano o instrumento, conviene con los animales. Y, por tanto, es mortal. Para comprender totalmente cuanto hemos dicho convendrá saber el significado de estos conceptos: «necesitar de un órgano o instrumento como sujeto y como objeto». Y el otro: «no necesitar de ellos».

Así, pues, «necesitar del cuerpo como de sujeto» significa que el alma es recibida en el cuerpo de manera cuantitativa y corporal. Ser recibida en la extensión vale tanto como decir que recibe todas las facultades orgánicas y que realiza todas sus funciones, como el ojo cuando ve o el oído cuando oye. La visión está en el ojo, y de algún modo la extensión. Por eso, no estar en el órgano o no necesitar subjetivamente de él significa o no estar en el cuerpo o no estar en forma cuantitativa. De aquí que digamos: el entendimiento no necesita del cuerpo, como de sujeto, para entender.

Pero, al afirmar esto, no queremos decir que la intelección no esté en el cuerpo. Pues es imposible que estando en el cuerpo, su operación inmanente no esté de alguna manera en él. De donde resulta que el cuerpo es su sujeto y, por lo mismo, es necesariamente un accidente del sujeto. Esa es la razón de que afirmemos que la intelección no está en el órgano ni en el cuerpo, ya que de forma cuantitativa y corporal no está en él.

Por esta razón, el intelecto puede reflexionar o volver sobre sí mismo, discurrir y comprender de forma universal. Cosa que las potencias orgánicas y extensas no pueden hacer de ninguna manera. Y todo proviene de la esencia misma del intelecto, pues, en cuanto tal, no depende de la materia ni de la cantidad. Pero si el entendimiento humano depende de ella, es decir, está unido al sentido —cosa que le acontece por ser intelecto—, entonces depende de la materia y de la cantidad. Por lo mismo, su operación no es más abstracta que su esencia. De no tener el intelecto materia —cosa que puede darse—, no se puede ejercer la intelección sino de modo cuantitativo y corpóreo. Y si bien el entendimiento humano —como se ha dicho— no se apoya en la cantidad al pensar, sin embargo, por su unión con el cuerpo, no puede prescindir totalmente de la materia y de la cantidad, pues el alma nunca puede conocer sin representaciones o imágenes. Dice Aristóteles: «El alma nunca entiende sin representaciones»[13]. Por lo que siempre necesita del cuerpo como de su objeto. Ni puede conocer *simpliciter* y de forma universal, pues siempre contempla lo universal en lo particular, como cada cual puede experimentar en sí mismo.

Así pues, en todo conocimiento, por abstracto que sea, forma un idolillo o imagencita corporal, ya que el entendimiento humano no se entiende a sí mismo directa y primordialmente, sino que compone y discurre. Su entender se desarrolla lineal y temporalmente. Lo contrario sucede con las inteligencias que están liberadas de toda materia.

El entendimiento, pues —que está entre lo inmaterial y lo material—, ni existe del todo aquí y ahora, ni se termina tampoco aquí y ahora. Por lo mismo, su operación ni es del todo universal ni completamente particular. Ni está sometido totalmente al tiempo, ni queda totalmente liberado de él. La naturaleza ha procedido tan sabiamente y con tanto orden que para llegar de lo primero a lo último ha de pasar por el medio. Así las inteligencias, por ser *simpliciter abstractas*, no necesitan del cuerpo para entender como de su sujeto o de su objeto. Conocen, pues, la naturaleza *simpliciter*, entendiéndose primero a sí mismas y por una simple mirada. No dependen, por tanto, ni del tiempo ni del espacio.

Por su parte, las potencias sensitivas, por su inserción en la materia, conocen solo de una forma concreta y particular, y no pueden reflexionar sobre sí mismas ni discurrir. Pero el entendimiento humano, situado entre ambas, opera en la forma ya dicha. Por lo mismo, las cosas que recibe no las entiende ni totalmente en potencia ni totalmente en

13. Aristóteles, *De Anima*, III.

acto[14]. Conclusión: sabemos, pues, qué es necesitar del cuerpo como de sujeto y como de objeto. Qué es no necesitar de ellos. Qué necesitan y qué no necesitan y cómo.

Debemos saber, además, que los que afirman que el alma es inmortal dicen también que se multiplica. Y lo razonan: si es de naturaleza inmaterial, es por sí misma subsistente. Puede existir y operar, por tanto, sin el cuerpo. Su existencia separada no tiene de las virtudes del alma más que el entendimiento y la voluntad, lo mismo que tienen las inteligencias. No tiene, pues, ninguna de las potencias sensitivas ni vegetativas, sino en un sentido muy remoto. Y puesto que entre las sustancias abstractas es la más ínfima, además de ese modo de ser, tiene otro. Pues puede ser causa de que exista otra cosa. Por esta razón puede informar al mismo cuerpo. Y por su imperfección ser contada en la numeración de los cuerpos. Y se reviste de todas las potencias sensitivas y vegetativas, ejercitándolas, en consecuencia, con ayuda de un órgano o instrumento, quedando como amortecida. Si está unida al cuerpo, aunque tenga entendimiento y voluntad, no puede usar de ellos libremente, puesto que sin el instrumento del cuerpo —al menos como objeto de las mismas— no puede ejercer su función. Lo contrario sucede en la separación, ya que puede actuar totalmente sin el órgano.

Hay, sin embargo, otra opinión que estima que todo esto son fantasías contrarias a los principios de la filosofía. Pues no es lo mismo que una cosa sea per se subsistente[15] y que

---

14. «Potentia», «actus»: términos aristotélicos y escolásticos. Potencia: capacidad y posibilidad de un ente para ser algo. Acto: esencia o constitución de las cosas, realización de una potencia propia de un ente.
15. Sustancia individual e independiente, con entidad propia.

también sea otra cosa, como si tuviera modos contrarios de obrar. Y ese modo de ser separado y distinto no se prueba con ninguna razón ni experimento. Solo se basa en la voluntad que ora tiene potencias sensitivas y vegetativas, ora las deja. Según un modo de entender está unida; según otro, separada. Durante poquísimo tiempo unida, infinitamente separada. A no ser que imaginemos que la transmigración de las almas se da en el cuerpo y que nunca lo abandonarán, ya vistiendo al cuerpo, ya expoliándole como el vulgo cuenta de las brujas. Y en el momento en que se separa del cuerpo, deja de hecho de ser acto del cuerpo. Por tanto, o no está en ninguna parte o si está en algún sitio, ¿cómo llegó hasta él?

Digamos que o por alteración o por movimiento local. No por alteración, como es evidente, ni por movimiento local. Pues según el libro sexto de la *Física*[16], lo indivisible no se puede mover localmente. Y si no se pone en ninguna parte, ¿qué es lo que prohíbe —según Aristóteles— afirmar que aquellas inteligencias no mueven las esferas celestes? ¿Qué impide que surja aquella multitud infinitamente infinita de las mismas? No hay manera de saber si existe u opera alguna, a menos que se afirme algo buscado o fingido.

Si lo que es de hecho material no puede ser infinito —pues es manifiesta su multiplicación— y si también es necesaria en las inmateriales en las que no se da la multiplicación ni es posible la distinción en la misma especie, entonces se afirma una multitud infinita en acto. Por lo tanto, siendo esto irracional y contrario al pensamiento de Aristóteles, parece más razonable que el alma humana —la suprema y

16. Aristóteles, *Física*, VI.

más perfecta de las formas racionales— sea aquella por la que algo es ese algo y de ninguna manera ella es ese algo.

Por tanto, es la forma que comienza y termina con el cuerpo. Ni puede operar de ninguna manera ni existir sin él. Y tiene un solo modo de ser y de operar. Por lo mismo, puede multiplicarse, pues constituye el principio de su multiplicación dentro de la misma especie. Tampoco son infinitas en acto, sino solo en potencia, como los demás seres materiales. Y tiene potencias orgánicas y básicamente materiales, a saber, sensitivas y vegetativas.

Pero siendo la más noble de las cosas materiales y como el confín de las inmateriales, huele a algo inmaterial, pero no *simpliciter*. Tiene intelecto y voluntad que le asemejan a los dioses, pero de un modo imperfecto y análogo, pues los dioses están alejados de la materia. Ella, en cambio, siempre está con la materia, pues conoce con la imagen, el espacio, el discurso y la oscuridad.

Por lo mismo en nosotros el entendimiento y la voluntad no son sinceramente inmateriales, sino *secumdum quid* y reducidamente. Con más verdad se la puede llamar razón más que entendimiento. No es, pues, digámoslo así, intelecto, sino vestigio y sombra de entendimiento. Testigo de ello es lo que se dice en la *Metafísica*[17]. El ojo de la lechuza es a la luz del sol lo que nuestro entendimiento a lo que está patente en la naturaleza, aunque dijera lo contrario Averroes. Y así como la luna es de la naturaleza de la tierra —como dice Aristóteles en el libro *De Anima*—, así el alma humana es de la naturaleza de la inteligencia. Pero en la luna, la tierra está según la propiedad, no según la esencia.

17. Aristóteles, *Metafísica*, II.

De la misma manera, el entender está en el alma humana, según la participación de la propiedad, pero no de la esencia. Todo lo cual está de acuerdo con la naturaleza que procede por grados o saltos...

De todo lo que acabamos de decir, se puede deducir que muchas de las cosas dichas por Aristóteles se contradicen. Pero en realidad no es así. A veces dice que el intelecto es material y mixto, o no es separable. Y otras que es inmaterial y separable. Se le define como acto del cuerpo orgánico. Pero otras veces se dice que no es acto de ningún cuerpo.

Todo esto parece contradecirse y, por lo mismo, ha dado lugar a diversas escuelas y opiniones. Algunos creen que ni el mismo Aristóteles comprendió bien el tema, pero de esto ya hemos hablado más arriba, y no hay en él contradicción. Pues el entendimiento en cuanto tal y absolutamente considerado está mezclado y separado, pero en cuanto humano conserva las dos cosas. Pues está separado del cuerpo como de su sujeto, pero no se separa del objeto. El intelecto en cuanto tal no es de ninguna manera acto del cuerpo orgánico, pues las inteligencias no necesitan de un órgano para comprender, sino solo para moverse o actuar. Pero el entendimiento humano, en cuanto humano, es un acto del cuerpo orgánico, como de su objeto, y por eso no está separado. Pero no es acto del cuerpo orgánico en cuanto sujeto del mismo y, por tanto, está separado. No hay, pues, repugnancia alguna.

3) Vayamos ya a la tercera proposición, a saber: que «El alma es casi la forma del cuerpo». Parece que tal proposición se salva mejor por este modo que por el primero. Es muy difícil imaginar, como decíamos, que una cosa que

existe por sí sea cuasi forma. Por eso san Gregorio Niseno
—como nos dice santo Tomás—, al ver que Aristóteles afirmaba que el alma era acto del cuerpo, afirmó que Aristóteles creía que el alma era corruptible. Porque la forma que
existe por sí misma no puede ser verdaderamente acto del
cuerpo orgánico. Todavía más: hay quienes afirman que
esto mismo sentía Gregorio Nacianceno de Aristóteles.

4) Cuarta afirmación: «Las almas humanas son limitadas
en número». A esto respondemos afirmando que todo lo
que se aducía contra el modo anterior no se aplica a nosotros. Pues siendo las almas materiales, se distinguen por la
materia. Y a nosotros no nos inquieta el número infinito de
almas.

5) Quinta afirmación: «El alma humana ha sido hecha».
Ciertamente, el alma humana ha sido hecha, pero no por
creación, sino por generación. Si el sol y el hombre engendran al hombre[18] y el alma es la última en la consideración
natural, y, por otra parte, lo dicho en la primera parte, capítulo 1, sobre el entendimiento no se refiere al natural, entonces hay que entenderlo del verdadero entendimiento.
El entendimiento es, pues, el que mueve, no el movido. Y
el entendimiento humano es el que mueve y es movido.
Por tanto, a este hay que atender, no al otro.

Se dice, pues, en II, *Física*[19], que las cosas que no son mo-
vidas y mueven no son objeto de la consideración de la física. Y esta es la razón que desarrolla allí el filósofo. Al afirmar más tarde que el intelecto venía de fuera, se ha de
entender como mente *simpliciter*, no humana. Si se entien-

18. Aristóteles, *Física*, II.
19. Aristóteles, *Ib.*, II, 1, 1.

de como humana, hay que entenderla no absolutamente, sino que en su orden participa de la divinidad. Es decir, que en el orden sensitivo y vegetativo participa más de la divinidad. Pues en la parte cuarta, capítulo 9, se afirma que solo el hombre es de naturaleza erecta, porque solo el hombre participa mucho de la divinidad.

Con esto no afirmamos, sin embargo, que el hombre permanezca después de la muerte en cuanto a su alma, pues comienza a existir. Y en el libro sobre el cielo[20] se afirma que lo que tiene principio deja de existir. Y Platón[21] afirma que lo que de alguna manera comienza a existir, desaparece.

No estoy de acuerdo con la prueba de Alejandro, que reproduce el comentarista como referida a Themistes. A saber: que esto se ha de entender del entendimiento agente, pues el «entendimiento agente» no es la forma del hombre. Se ha de entender más bien del «entendimiento posible», que unas veces entiende y otras no. Se corrompe con algo que está ya corrompido en su interior, esto es, lo sensitivo con lo que se identifica. Pero Aristóteles lo entiende por sí mismo y no *per accidens*. Lo que equivale a decir que nada impide que permanezca en cuanto a intelecto, pero no como humano. Quedó ya demostrado que todo lo engendrado se corrompe.

Que tal haya sido la mente de Aristóteles respecto al alma humana puede verse en la *Metafísica*[22], donde escribe: «La delectación, aunque óptima, nos dura poco tiempo.

20. Aristóteles, *Ib.*, IV, 9.
21. Platón, *Leyes*, 8.
22. Aristóteles, *Metafísica*, 12, 39.

Con ellos —los dioses— siempre está, con nosotros es imposible».

Lo primero que aparece en estas palabras es que los dioses son *simpliciter* inmortales. Pues si siempre se deleitan es que siempre entienden (a este mismo texto sigue la vigilia, el sentido, la inteligencia, todo agradabilísimo). Y si se deleitan es que existen siempre. Luego son inmortales. Pero los hombres son mortales, pues se deleitan durante muy poco tiempo. Pues el obrar sigue al ser. Se obra como se es. Si alguna vez llamamos al hombre inmortal, esto se ha de entender *secundum quid*. Pues se dice que solo el hombre entre los mortales participa de la divinidad superior. Y comparado al resto de los demás seres mortales se puede decir inmortal. Como ya se ha dicho, el hombre está entre Dios y los animales. Así pues, como al pálido comparado con el negro se le puede llamar blanco, de la misma manera al hombre comparado con las bestias se le puede llamar Dios e inmortal.

Pero no de forma verdadera y *simpliciter*. Y si los hombres, nuestros mayores, de cara a los dioses, lo afirmaron —dice Aristóteles[23]—, lo afirmaron con engaño, para persuasión y oportunidad de muchos, y en relación con las leyes. Pero solo Dios puede llamarse propiamente inmortal, según el mismo Aristóteles[24]. Afirmamos que Dios es el animal eterno y óptimo: porque la vida, la duración continua y eterna, es atributo de Dios. Esto es Dios.

De estas palabras se deduce otra cosa, a saber: que «el entendimiento humano no conoce sin fantasmas o imáge-

23. Aristóteles, *Metafísica*, 12, 50.
24. Aristóteles, *Ibid.*, 11, 39.

nes». Los seres eternos siempre se deleitan y gozan porque siempre entienden. En su intelección no dependen ni necesitan de imágenes. Si las necesitaran, no serían eternos... Pero el entendimiento humano, el poquísimo tiempo que entiende, no puede prescindir de la imagen...

Decir, pues, como algunos quieren afirmar, que el entendimiento humano es absolutamente inmortal y que el mismo entendimiento tiene dos modos de conocer —sin imagen alguna y con imágenes (fantasmas)—, es cambiar la naturaleza humana en divina. Y esto dista muy poco de las fábulas de Ovidio en su libro de las *Metamorfosis*.